DOORS OF MEMORY

Remembering My Birthplace

PORTE DELLA MEMORIA

Ricordi del mio paese

QCC Art Gallery Press
Queensborough Community College
The City University of New York
Bayside, New York

Kilima House Publishers
Manhasset, New York

DOORS OF MEMORY

Remembering My Birthplace

PORTE DELLA MEMORIA

Ricordi del mio paese

ELEANOR MAIELLA IMPERATO

Italian Translation By Patrizia Maiella

Avella

Dedicated to my cousins
Mimmo and Angelina Pescione

Through their door
I am home again

CONTENTS

10

Foreword

Dr. Faustino Quintanilla
Executive Director

QCC Art Gallery
Queensborough Community College
The City University of New York

In this unique bilingual English and Italian volume, Eleanor M. Imperato weaves together a remarkable tapestry of prose, poetry, and photography. Individually or in concert, they express her creativity in exploring times past and present that metaphorically emerge through both ancient and modern portals.

The prose, poems, and images vividly portray Avella, the town where she was born in Italy and her remembrances of her early years there. For it was in this formative period that she became bound to this place and all of its geographic landmarks and iconic architectural structures. Dominating all of the latter are the ruins of a fifteen hundred year old castle that looks over the town from a windy hilltop.

In her essay, "Avella, Her Story," the author provides a framework for understanding the history of the town from its early years as Oscan, Etruscan, Samnite, and then Roman. Vestiges of these civilizations are very much present in Avella, both beneath the ground as long lost archaeological treasures as well as on the surface in the form of monumental Roman tombs and an amphitheater. She guides us gently through the centuries into the modern era showing us how the past and present coexist. However, it is the castle, first built by the Lombards, and then modified by a succession of rulers, that serves as the beacon for the town.

The essay that follows Avella's historical account, "Avella, My Story," is the heart of the text. Here she beautifully describes her earliest memories in vivid prose and seamlessly integrates them into both the landscape and prominent town structures. Holidays of yesteryear come to life through highly descriptive accounts suffused with the presence of grandparents and relatives. The rhythm of everyday life throughout the seasons of her youth, as well as of her later visits to Avella, are all sensitively evoked in this riveting account.

The twenty-five poems in this volume complement and enhance the text. Here childhood remembrances are expressed through metaphor and rich descriptions that flow effortlessly from page to page. The poems serve as highly focused snapshots in time that capture the full texture of life as it was lived or, in certain instances, imagined.

The author as artist is also expressed in this volume by her photographs of portals and doors and the landscape and architectural icons of Avella. The doors are often old, relics of time long past. Their surfaces testify to more than just the effects of sun, rain, and wind. For they are the doors of memory, linking the author to her early childhood. They are also witnesses to a changing world.

Eleanor M. Imperato is a creative artist who in this volume uses three media to recount her memories. She artfully links the visual to written prose and poetry and in so doing, provides a unique and remarkable book. This volume and the exhibition that it accompanies open our aesthetic senses to exploring a time and place now released from the depths of memory.

The QCC Art Gallery is pleased to present this very exciting exhibition and sincerely thanks Eleanor M. Imperato for making this available for viewing by the public.

Preface

Angelina D'Avanzo Pescione
Avella, Italy

The notion of photography as memory, tied to prose and poetry, reveals an intimate diary no longer jealously guarded in the recesses of a drawer, but as reality lived in the soul's interior, capable of evoking in every single image the suggestion of narrative suspended between the mystery and nostalgia of time past.

Through *Doors of Memory*, the artist Eleanor Maiella Imperato reveals an intimacy intensely lived and transports us into a world of lofty poetic content.

With the sensitivity to perceive the voice of things that speak of "what has endured, what has changed, and what may come to be," she leads us by the hand following the thread of remembrance and imagination in a sentimental voyage through time and the historical memory of her native land.

Acknowledgments

Eleanor M. Imperato
Manhasset, New York

While *Doors of Memory* conjures up the distant past through the gauzy veils of memory, its writing and production is steeped in the reality of the near past and the present. I owe an immeasurable debt of gratitude to those who have touched my life throughout the long ago as well as in the moment. They have made this very personal and meaningful work a reality.

This book would never have germinated, let alone flowered, without my cousin Mimmo Pescione and his wife Angelina D'Avanzo, who opened the door to their home during my many years of visits to, and research in, Avella. I thank them and their family for deepening my understanding of Avella, for shared experiences, for laughter, and support. No matter what I proposed to do, Mimmo always said "Non c'è problema—No problem." Angelina always made sure to indulge my desire to walk and scamper through the castle grounds or along the rugged ways of the Clanio River. She also pampered me with her culinary delicacies. I will never forget the country picnic she lovingly prepared and served under the shade of a walnut tree in full view of grapevines, olive trees, and the majestic ruins of my beloved castle.

Without my youngest sister Patricia Maiella's willingness to undertake the translation of this book into Italian, my work would have been half as meaningful and half as celebratory of my Italian heritage. My thanks and appreciation for her graciousness, her dedication, and her thoroughness are boundless. Her companion, Nico Rutigliano, also contributed much in the way of insight and suggestions into the translating process. I thank him profusely.

Patricia, as well as my middle sister Tonia Maiella, welcomed me into their homes and into their lives in Bari and Naples, giving me two more anchors in Italy as I planned for this volume and its photographs. A warm thank you to both.

All my other relatives in Avella also provided me with unwavering encouragement and support: my cousins Rino Pescione, Geppino Pescione and their respective families as well as my last surviving aunts, Zia Vittoria and Zia Maria, widows respectively of Zio Ninuccio Pescione and Zio Nicolino Pescione, my mother's brothers. My other Pescione cousins, especially Antonio Pescione, from a different branch of the Pescione family, were also supportive and always pleased to see me. Our common ancestor and my maternal great-grandfather, Romano Pescione, married twice.

I am very indebted to my fellow writer and Avella town historian, Nicola Montanile, Director of the Ignazio D'Anna Library, for his long-standing support of my interest in Avella's history. I learned much about my *paese* from his many publications, his expert tours of the amphitheater, the Roman Tombs, the archaeological museum, and of course, through our very frequent in-person conversations, as well as email communications. I am grateful for his expertise and the kind sharing of photographs of old Avella. Through him and Mimmo, I have been introduced to other Avella writers whose works also grace my shelves. A warm thank you to them for sharing their love of our town in their own creations.

During my genealogical research at the Avella Town Hall, I had the good fortune to meet Marianna Salapete and Carmine Pedalino. They became "colleagues" who graciously and patiently aided me in my quest for my ancestors. I thank them for their help, but I am most grateful for their friendship.

Elsewhere in Italy, my cousins Gennaro and Domenico Napolitano in Bari, and Maria Antonietta Pescione Sorice, in Varese, and their families, have always remained in close contact. I am moved by their continuing affection and pride in my work.

Stateside, my thanks begin with my family who have heard of my love for Avella over many years. They are ecstatic at my finally giving voice and visuals to my deep feelings for the castle and the town it overlooks, the place where I was born. Thank you, Pat, for all your help—as advisor when I asked and motivator when I needed it. Thank you Alison, Gavin, and Austin for eagerly listening to my childhood tales. This book is part of my legacy to you. After all, through me you are also part of this land where our ancestors walked and through whose doors they lived their lives.

Heartfelt, deep gratitude goes to Susan Astor, good friend, poet and writer, whose expert editing of the English manuscript, kept me polishing and refining through many revisions. That she made the whole process pleasurable is a testament to her patience, her vision, and her professionalism. To my fellow poets, Richard Barnhart, Mary Jane Peterson, and Mary Watts, go my sincere thanks for listening to various versions of the poems included in this volume. Their ongoing encouragement is deeply appreciated.

My good friend and neighbor, Camille Dee, as she often does with all my writing projects, once again came to my aid by expertly proofing the English language manuscript. Thank you so much for your loving kindness.

Grazia Bozzoli Rosenberg was very gracious in proofing the Italian language manuscript, for which I am very grateful.

Leonard Kahan is a friend and an artist with a very keen eye for details, meaning, and understanding in the creation of art. I am very indebted to him for spending hours and hours helping me select the best photographs for the book and the exhibit. The guidance and knowledge he imparted as we debated the merits of each photograph were astounding. Thank you for your enthusiasm, praise, and belief in my photographic efforts.

A great many thanks go to Zackery Robbins, the designer who eagerly agreed to give my hybrid creations of prose, poetry, and photography a seamless and beautiful presentation. My vision was faithfully and sensitively rendered, and for that I am extremely appreciative.

Thank you to Jeff Frankle of Duggal Visual Solutions in New York City and Alex Salazar of Bob's Photo in Manhasset, and their respective staffs, for their expertise in printing the photographs.

Finally, to Faustino Quintanilla, Director of the QCC Art Gallery at Queensborough Community College, The City

University of New York, a very great thank you for giving me the opportunity to exhibit my *Doors of Memory* photographs as well as to publish the book that accompanies it. Sincere thanks go to the entire staff and student interns of the QCC Gallery especially Lisa Scandaliato, Assistant to the Director, and to Grace Duran, Secretary. I know full well what it takes to mount an exhibition, having been witness to many others besides this one, so their work is doubly appreciated.

While I gratefully acknowledge everyone's help in the completion of this volume, any mistakes and omissions are entirely my own.

AVELLA,
OUR STORY

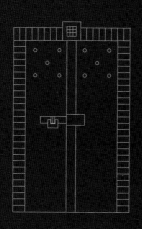

*T*he castle comes slowly into view as the train rumbles past small orchards and old farmhouses. There it is, on a hill, its crumbled ramparts framed by the Avella Mountains. It seems to follow my gaze, stirring my emotions as I travel toward my birthplace. Teary-eyed, I feel the pull of a primeval spell drawing me to the ruins and the ageless hills.

Later that afternoon, I climb a steep path toward the castle. My breath is labored and the chill March air stings my face. When I finally reach the round tower, I stand immersed in silence. I look around at the mountains and at the valley below. On the horizon, there is a hint of the Mediterranean Sea and the barely discernible outline of Mount Vesuvius.

This is my heritage.

This land shapes me, lives in me. It explains who I am and what I love. I am American. I am Italian. Like the castle, I am Norman, Swabian, and Lombard. Like Avella and its settlers, I am Oscan, Etruscan, and Roman. Like the succession of rulers that governed this land, I am Austrian, Spanish, and French. I know now what this place has instilled in me: a love of history, of people, of beauty, of adventure, of solitude, of fortitude.

I am spellbound.

The Italian heritage that encompasses the glory of Rome and the splendor of the Renaissance is my birthright. With both pride and humility, I am willing to share it with anyone else who feels an affinity for this wonderful country.

Mine alone are these ancient hills and stones.

For me, Avella is an iconic space that over the years has filled my imagination and fostered creativity. It has suffused my poetry and deepened my understanding of heritage and legacy. Located midway between Naples and Avellino in the Campania region of Italy, Avella was my home for the first five years of my life. Then I moved to Naples and at the age of twelve, I immigrated to New York

City with my parents and my two younger sisters. Eventually my family returned to Italy while I remained in the United States. As a young woman, and then as a mother and wife, I returned often to visit relatives and reacquaint myself with a changing Avella. Old memories were strengthened and new ones created.

I tried to relive my early years in Avella through my children's eyes, introducing them to places that were meaningful to me. However, this proved to be very challenging. How could I explain somnolent summer afternoons when speeding cars now rent the air? Or suggest the mystery of the wooded areas behind the Ducal Pal-

ace that were carved into new streets, new villas, and a parking lot? How could I convey the sounds of clear, rushing water in a brook, now paved over, that ran alongside the Palazzo Borrelli where I lived? Even the rustic charm of the dried-up riverbed of the Clanio River was hard to express. The memory of a handful of stores that mushroomed into supermarkets, banks, clothing and electronics shops was difficult to communicate.

Like me, Avella changed immeasurably over the years.

And yet...

The castle, almost 1,500 years old and beautiful from any angle, still excites me. It is an old friend, plagued with injuries, but full of wisdom. The peal of centuries-old church bells startles me with joy. There are still fruit orchards, hazelnut trees, olive groves whose products make my mouth water. Even now, there are cows grazing on the hillsides. They look up and dare me to photograph them. Of course, I eagerly oblige. Obedient sheep are still herded through town and brought to pasture. They often surprise me as I walk on familiar streets. With more pleasure than sadness, now, I rediscover Avella through my own eyes.

More than anything else, portals, doors, and windows attract my attention. I stop to admire crumbling walls, to notice that the paint on old doors is flaking off and that the locks are rusted. The doors' lonely beauty captivates me. The play of light on rusty hinges draws me closer. The texture of wood and metal ravaged by time intrigues me. My camera captures sunlight and shadows; it records the present moment, but my imagination circles back to lives lived within those enclosures.

These remnants of the past are openings through which I imagine my ancestors' days, their sorrows and their joys. I see what has endured, what has changed, and what may come to be. I marvel at the new portals; some shine with glass panels, others with gleaming wood, or intricate iron work. I identify more readily with the lives lived behind these contemporary doors. They mirror my own. Seeing the old and the new side by side, I rejoice in the vibrancy of life both embody.

This book is my homage to Avella. Her story is briefly recounted in these pages as are the memories of my early years. My poetry individually frames some of these memories, while the photographs of the doors that beguile me are visual reminders of Avella's history. These portals are conduits between my Italian heritage and my American identity, between my beautiful, native Italian language and the English language that I love.

These doors, windows, and portals, old and new, are metaphors for Avella's endurance and transformation. They are emblematic of transitions that inexorably occur throughout time, in a specific space. They embody permanence and change, resilience and adaptation.

I offer tribute to the people of Avella. Many of those who have gone before were my ancestors. They lived in the shadow of the Avella Mountains through pillage and pestilence, earthquakes and wars. Through these old doors, they glimpsed new worlds, new ideas, new opportunities. Yet, they also experienced security, enclosure, stagnation, even finality. Beyond that, these gateways afforded them renewal and redemption.

Those who still live here, many of them my relatives and friends, are surrounded by the glories and burdens of history. Their modern doors look out onto new vistas but the symbolism remains the same.

The doors of Avella opened to receive me at my birth and closed behind me as I went forth to experience new lands. In time, they welcomed my return and enriched me beyond measure.

AVELLA, HER STORY

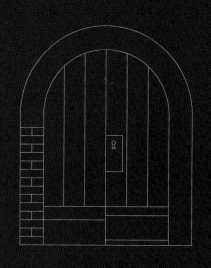

A RAMBLE THROUGH ROMAN RUINS

Is Avella older than Rome? Perhaps. In the absence of definite dates, it is best to leave that particular question in the realms of myth and speculation. Avella's narrative is rich, multi-layered, and fascinating enough without that claim.

According to archeological finds, the territory has been inhabited since the Upper Paleolithic Age. It is generally acknowledged that Avella was, by turns, Oscan, Etruscan, and Samnite. Once Avella became Roman, in the late 300s BC, her progress is on firmer historical ground.

Avella was a Roman center of culture and renown. She boasted an aqueduct, thermal baths, a pool, a theater, and an amphitheater known to be one of the oldest in Campania. It was probably used not only for

gladiatorial combat, but also for naval battles. The center of the amphitheater was flooded with water from the nearby Clanio River and mock naval skirmishes were enacted. Funerary monuments for well-to-do Romans have also been discovered on the outskirts of town.

Avella was loyal to Rome. Unfortunately, that loyalty made her vulnerable to enemies. She was sacked and completely destroyed in 87 BC by the Samnite insurgents of Nola during Rome's social war. Rebuilt shortly thereafter, the town was attacked again during the revolt led by Spartacus, 73-71 BC.

The vestiges of Roman civilization in Avella were an enormous source of pride for my Uncle Ninuccio, my mother's eldest brother and the father of my cousin Mimmo. Whenever I asked him about Avella's history, he invariably mentioned the amphitheater, the tombs, and especially the *Cippus*. The *Cippus Abellanus*, a block of stone with a 57-line inscription in the Oscan language, was another great archeological discovery, dating from the Oscan era. It details an agreement between Nola and Avella regarding a temple to Hercules which was located on common land at the boundary of the two towns. It is one of the most important examples of the Oscan language, a tongue spoken in the area for centuries. The *Cippus Abellanus* is now housed in the Seminario Vescovile in Nola.

BARBARIANS AND FEUDAL LORDS

As long as the Roman Empire lasted, Avella's fortunes remained stable, but with the incursions of the barbarians she suffered repeated assaults. Her story was always marked by an ebb and flow of onslaught and renewal. Avella was sacked by the Goths under Alaric in 410 AD, then again in 455 AD by the Vandals of Genseric.

It was in the 7th century AD that the Lombards, another conquering group, built a fortified stronghold, the now iconic castle visible for miles as one approaches the town. Situated on a hill overlooking Avella at approximately 320 meters above sea level, it boasts a commanding view of the mountains and the valley. In addition, it has clear sightlines directly to the Gulf of Naples and the imposing silhouette of Mt. Vesuvius. At the time, there was no better place to scout marauding Saracens and Byzantines.

At the crossroads between the Byzantine Duchy of Naples and the Principality of Benevento, the castle afforded a measure of security. Even so, the people of Avella were vulnerable. Unfortunately, the town was attacked by the Saracens in 883 AD, taken by the Byzantines of Naples in 887 AD, and devastated by the Magyar (*Ungari*) in 937 AD.

As if these raids were not enough, there were plagues, earthquakes, and other natural calamities to contend with. Still, people survived somehow by seeking refuge in the hills and within the stronghold.

The Normans followed in the mid-1000s and enlarged their holdings. The Swabian Hohenstaufens (1194-1266) and the Angevins (1266-1442), who subsequently held sway over the territory, added other levels of fortifications. There is also evidence of a cistern and a chapel.

It was during pockets of relative stability between the 10th and 11th centuries that some Avellans began to descend from the hills and form hamlets in the valley, usually nestled around a church. These hamlets were the foundation for the town we know today. In fact, the names for these different nuclei—San Pietro, Corte Lupino, Cortabucci, Farrio—are still extant.

Avella became a fiefdom which was transferred from one noble family to another. Among these families were: D'Avella, Del Balzo, Orsini, Pellegrino, Colonna, Cattaneo, Spinelli, and finally Doria del Carretto in the 1600s. This last family kept its fiefdom until 1806 when the feudal system was abolished due to Napoleonic reforms.

By the middle of the 16th century, the castle lay in shambles. In 1553, it was restored but its new lease on life was unfortunately short-lived. In 1603, the castle was *in extremis*, serving as a jail for miscreants. Its end finally came in 1631 when a volcanic eruption covered the empty ruins with ashes.

It was this version of the castle that gave my cousins and me, several hundred years later, a romantic and bucolic playground. Since the mid-1980s, a plan has been put in place to conserve the existing structures and to conduct archeological studies. Eventually the area will be used as an educational resource as well as a cultural venue. For now, old stones have been shored up with others, too bright and jarring for my taste. Scaffolds and trusses litter the landscape. From a distance, however, these disruptions are not visible, and the mystery remains.

BAROQUE PALAZZOS

Another source of pride for my uncle Ninuccio was the famed architect Luigi Vanvitelli and the buildings in Avella attributed to him. Vanvitelli and his work are known throughout Italy, but it is in Campania that he is spoken of with local pride, as if he were a homegrown artisan still practicing his art in an old house around the corner. His best known work is the Royal Palace at Caserta.

Although his ancestors were Dutch and his real name was van Wittel, Luigi Vanvitelli was born in Naples in 1700 and died in Caserta in 1773. Somehow though, it is just the name Vanvitelli without a first name qualifier that speaks of the particular Vanvitellian vision. His style, though simple, is harmonious and practical. At the same time it is imposing and regal.

In Avella, Vanvitelli's architectural vision has been linked to the garden of the Ducal Palace and to the Church of San Giovanni. Pope Silverius is credited with building a church named San Giovanni de' Fustiganti in the mid-500s over the ruins of another ancient building. This church was totally rebuilt in the latter part of the 18th century in keeping with the architectural designs of the school of Luigi Vanvitelli.

Some local historians have proposed that Pope Silverius was born in Avella to Donna Maria Galeria, also from Avella. Others contend that this is only legend. What is known, however, is that he was the son of Pope Hormisdas from Frosinone near Rome. Hormisdas became a deacon after his marriage and was himself pope from July 514 AD until his death in 523 AD. Pope Silverius' papal reign was much shorter than his father's due to intrigues between the ruling Ostrogoths and the Byzantines. He was deposed and exiled to Ponza where he is still the island's patron saint. He became a saint by popular acclaim, and the first mention of his sainthood appeared in the 11th century.

In the mid-1500s, feudal owner Count Pietro Spinelli left the castle and rebuilt the Ducal Palace on the *decumanus major*, the so-called main street of Roman city planning. This re-established the center of town as it was in Roman times and began a process of urban renewal.

The Ducal Palace was restructured and a garden was added in the mid-1700s with designs from the school of Luigi Vanvitelli. Alvaro Alvarez de Toledo and his family were the last owners of the palace until the building was dedicated to municipal use in the 1970s. Alvaro Alvarez was of Spanish nobility and a descendant of the first Duke of Alba, Garcia Alvarez de Toledo. It is said that Maria de Toledo y Rojas, a granddaughter of Garcia Alvarez, married Diego Colon, son of Christopher Columbus. Other notables in the Alvarez de Toledo family include several viceroys of Naples during Spanish rule (1500s-1700s).

Just a block away, the Palazzo Borrelli, where I lived for the first years of my life, stands at the western end of the Corso Vittorio Emanuele. This palazzo was once part of feudal land that also included the Ducal Palace. After ownership by Count Pietro Spinelli, the property was sold to Ottavio Cattaneo, a nobleman from Genoa. He built the Via Carmignano, to the left of the Palazzo Borrelli, in order to link the Cortabucci area with the Piazza where the Ducal Palace is located. My grandmother once lived on Via Carmignano when she was young, and returned there after her husband died. The area in front of the Palazzo is now called Largo Cattaneo. Andrea Doria del Carretto, Count of Palliano and Prince of Avella, followed Cattaneo as the next feudal owner. He sold the Palazzo to the Borrelli family in early 1800 and it has been called the Palazzo Borrelli ever since. It is still owned by the Borrelli family.

Construction of imposing edifices along what is now Corso Vittorio Emanuele continued during the 1700s, 1800s and 1900s. These large palazzos, with beautiful gardens in the rear, housed the notable inhabitants of Avella. With the advent of other construction projects in the 1960s and the subsequent transformation of the *boschetto*, the wooded area behind the Ducal Palace, into new housing, Avella took its present shape.

Today, both the former medieval burghs, with their torturous and narrow streets, and the more imposing structures of the 18th and 19th centuries coexist side by side, while the entire town suffers the noise and vehicular congestion of the 21st century. In the midst of it all, the Clanio River still flows from springs originating in the mountains.

In the distant past, the mountains and river covered the land. Then people appeared and harvested the bounties that both provided: animals and plants for food, water for thirst, and caves in the rocks for shelter. But the river's course was never smooth. The Clanio, in turns, flooded the area, receded and then dried up. Deposits of ash from several eruptions of Vesuvius blocked natural channels in the river bed, preventing a steady flow of water and turning it into marshland. Malaria flourished and gave rise to many epidemics. Throughout the centuries, interventions to channel the river, reduce stagnation, and eradicate malaria, came in fits and starts. The Clanio River is still unpredictable, teasing with a gentle flow one moment, a torrential flooding the next.

CHURCHES AND CAVES

A narrative of Avella, however condensed, would not be complete without a mention of some of its other major architectural and natural attractions. Of the many churches in Avella, the oldest is that of San Pietro built in the 1300s. Seat of the ancient bishopric of Avella, the church was built on the ruins of either a Roman palace or the remnants of a forum. Unlike the church of San Giovanni with its one nave, San Pietro has three.

Built in 1580, the Franciscan Church of the Annunziata, with a convent of the Friars Minor attached to it, has a beautiful cloister that until recently was adorned with royal palm trees. Unfortunately, they succumbed to an infestation of weevils and had to be removed. Olive trees now grace the cloister surrounded by tall columns, some of which are believed to have belonged to Roman palaces or monuments. Around the periphery of the cloister, under the soffits, there are frescoes recounting the story of Saint Francis. They are the work of a local artist named Ardelio Buongiovanni who began painting them in 1616 and completed them in 1641.

The San Romano Church in Cortabucci boasts a painting of the Madonna from the school of Leonardo da Vinci. An attached bell tower straddles an archway over a narrow street.

On the outskirts of town, along the Clanio River and hidden within the rock faces rising from its banks, there are several natural grottoes. Among them are: the Grotta di Camerelle; the Grotta degli Sportiglioni which is home to many bats and boasts long, ancient stalactites and stalagmites; and

the most important of all, the Grotta di San Michele, dedicated to St. Michael, the revered saint of the Lombards. Probably dating from the same period as the castle, this grotto has yielded archaeological evidence of human habitation. Enriched by religiously inspired frescoes in the Byzantine style, it may have been used as a rural church by hermit monks.

With all these rock outcroppings, it was only a matter of time until someone began climbing them. On my fall 2013 visit to Avella, I noticed several young people rappelling at Capo di Ciesco!

ONE LAST WORD

Avella is the name of this very interesting *paese*. There are many interpretations of its etymology, all of them valid, all of them possible, all of them romantic.

It could be derived from the Etruscan word *ablona*, which meant apple,

a fruit that at the time was quite abundant in the area. The Latin word *aper* meaning boar, could also be the inspiration for Avella's name. The boar was an animal that made its home in the dense woods covering the mountains. Its likeness against the outline of three mountains now graces Avella's civic coat of arms that was already in existence in the 1800s, as cited in the Royal Archives in Naples. Or the name could have been created by the Greek Chalcidians, who some believe founded the city. They named this area *Abel*, or grassland suitable for pasture.

Lastly, Avella could have stemmed from the Latin verb *avello*, which means to pull away, to tear off. Perhaps that would be the most apt of all, since it would reference Avella's infamous wind that can indeed be so intense as to tear trees from their roots and roofs from their houses.

AVELLA,
MY STORY

My mother's sister, Zia Esterina, used to tell me that I looked like a new-born princess when on a summer day in 1945, I was baptized in the Church of San Giovanni. My long white christening gown, delicately handcrafted and embroidered with appliquéd flowers, must have looked regal indeed. My mother's way with a needle was well-known and appreciated in Avella. She was a gifted dressmaker and I, her firstborn, was arrayed in her handi-work. Mine must have been one of the finest gowns to graze the baptismal font of the Collegiata of San Giovanni.

Built by Pope Silverius in the 500s, and erected over the ruins of other ancient buildings, San Giovanni was totally rebuilt in the latter part of the 18th century. It was only fitting to be so well-attired for my Baptism in a church that housed paintings and holy water fonts from the 1500s, other paintings from the 1700s, and had a main altar fashioned with polychromed marble. Only a year before, my parents had knelt in the same nave exchanging their marriage vows.

The church sits at the end of a wide road with a free-standing bell tower to its left. The more architecturally interesting rear of the church faces the Clanio River. Angelina, my cousin Mimmo's wife, who is an art history teacher and quite a talented artist, never tires of painting San Giovanni from the rear. I never tire of photographing it.

San Giovanni holds special memories for me. As a child, I was mesmerized by the ritual at Christmas Eve Mass to commemorate the birth of Jesus. The

nativity scene was set up at the foot of the altar stairs, just behind the railing. The al-most life-sized statues of the Virgin Mary and St. Joseph looked down on an empty cradle made of hay. At some point during the Mass, a dramatic darkening of the entire church took place. Awestruck, I would see the Star of Bethlehem appear, and watch it slowly traverse from the back of the church over our heads to the Nativity scene. As the star hovered over the roof of the manger, the child Jesus was magically revealed in a blaze of lights. Bagpipes started wheezing and the congregation sang *Tu scendi dalle stelle...* I held my grandmother's hand as we, together with all the other worshipers, filed down the incense-filled nave to kiss baby Jesus' knee.

The sound of bagpipes always makes me cry. *Zampognari*—shepherds from distant mountain villages, dressed in sheep-lined vests and leggings—used to come to Avella. They went from house to house playing traditional Christmas songs on the bagpipes in front of the *presepio*. Everyone in town had a manger scene, some more elaborate than others, each a tableau of village life and the Nativity scene: St. Joseph, the Blessed Mother, Baby Jesus, the oxen and the donkey. Nonno, my grandfather, had built his own and every year added new figurines. The tradition of the *zampognari* continues sporadically even today. Mimmo surprises me from time to time with a phone call at Christmas, the winded strains of bagpipes in the background.

On a long ago January 20th, my grandparents and I huddled together in the square adjacent to the church and its bell tower. A big tree cut down from the Avella Mountains and placed in the middle of the square several days before, was now surrounded by huge piles of kindling. A bonfire (*falò*) almost a story tall, was set ablaze in the cold night. It burned and crackled, sending sparks flying into the air. Townspeople eagerly fed the roaring fire with additional bundles of sticks, tree branches, even old wooden chairs. Teenage boys set off firecrackers that exploded nearby. Hypnotized by the flames, I was not at all aware that we were taking part in both a pagan rite of magic and a sacred, religious event. This burning was meant to be a propitiation to the ancient gods to ward off scourges, as well as a thanksgiving to Saint Sebastian, Avella's patron saint, for the good harvests of our lands.

PALAZZO BORRELLI

The Palazzo Borrelli is an imposing structure that looks up a slight incline to the main square of Avella and beyond to Corso Vittorio Emanuele. It was here that I was born less than two months after the end of World War II. My younger sister, Tonia, was also born here, five years later almost to the day. Patricia, the youngest of the three, was born in a hospital in Naples, several months prior to our immigration to the United States. My grandparents occupied two ground floor rooms on the left side of the palazzo and my parents and I lived directly behind them.

Our windows looked out on the side street as well as in the back of the building. At night the red flares of a refinery located in Naples were clearly visible from the back window. It was a cheery sight in the otherwise dark sky. At dusk one hot night, a bat flew into our bedroom and I was frightened by the sudden woosh of its wings and its screech. Bats lived in caves by the Clanio River banks at the opposite end of town. Luckily, it was a brief visit. I've avoided caves ever since.

More often than not, the Palazzo's owners, the daughters of the Borrelli family, were away at their home in Naples. Their tenant farmers visited often to dry tomatoes or hazelnuts on the roof, to store farm products in an unoccupied wing of the house, or to leave bottles of wine and pickled vegetables in the cool, dark cellar. I would often be allowed to follow them on their rounds. Images of the house replay in many of my recurring dreams.

Mine was a happy childhood. I played in the courtyard surrounded by lemon trees, giant cacti in earthenware pots, and an old vine-covered well next to a chicken coop. I did not like the chickens clucking and squawking while the rooster pecked at them. Their beady eyes, hard beaks, and floppy combs did not match my idea of animal beauty. In one corner of the courtyard there was an old, wooden door, always locked, that gave access to the Borrelli garden. As a small child, I have no recollection of ever being there, although I have photos to prove it. Nonno, I was told, tended tomato plants and he always took me along. Oh, the trepidation and thrill as I looked through the keyhole when I was old enough to reach it! This truly was a secret garden, full of mystery and imagined romance.

When my cousins visited, we stretched out our arms pretending to be planes flying in the long barrel-vaulted entrance of the palace. In the past, this is where a carriage would have been readied to take riders out or return them through the wide doors of the portal, horses impatiently striking the stone pavement with their hoofs. In our day, these doors were mostly closed; only the smaller door carved on one side of the portal was used for people to gain access to the house. A big knocker loudly announced arrivals. On the right side, a marble staircase ascended to the second floor where a landing was embellished by an open-arched balustrade. It was a perfect summer spot to play tiddlywinks and to sit on cool steps away from the sun.

We also enjoyed jumping off the ledges of the big windows of the apartment that looked onto the side street. That the windowsill was eight feet off the ground didn't seem to faze us. The challenge was making sure that we cleared the small brook that ran alongside the wall of the building. The cold, crystal clear water of the brook ran straight from the springs originating in the Avella Mountains. We drank it, and splashed each other with glee.

Another favorite pastime of ours was playing an old 78 rpm record on an even older hand-cranked gramophone. Over and over, we sang *Io t'ho incontrata a Napoli, bimba dagli occhioni blu... (I met you in Naples, baby with big, blue eyes...)* A similar memory springs to mind, from a decade later. Mimmo and I again listened to music in Nonna's house. This time it was in Via Carmignano, where she lived after Nonno died. We must have played Elvis Presley's *Are You Lonesome Tonight* and The Tokens' *The Lion Sleeps Tonight* at least a hundred times on a single-disc turntable. I was American by now, and Mimmo played guitar, so we grooved to American music.

I can conjure up many sights, sounds, and smells connected to the Palazzo Borrelli. When tomatoes were ripe, many women came to the house to prepare them for the canning process in an area of the courtyard. First, the tomatoes were washed, then pressed through sieves, cooked in pots, transferred to bottles or jars, and tightly sealed. Finally, all the sealed jars were placed in other big pots filled with warm water and then boiled to sterilize them. Nonna and I joined in, filling quite a few jars for our use. On winter days, she cooked with those tomatoes and the pungent aroma filled our home.

In the evenings, she and I sat around the brazier filled with hot coals, with our feet on its rim, she to knit and I to read. Nonno was at the rickety table eating warmed leftover pasta; he claimed it was more delicious the day after. Nonno had a habit of tilting his chair backwards after his meal. Unfortunately, once or twice, we saw him tumble to the floor. Nonna always wore a semicircular shawl that covered her shoulders and stopped at the elbows. She often sang a lullaby whose haunting, sing-song refrain still hovers in my mind. Something about a wolf eating a lamb...

On Christmas Eve aromas were everywhere. The whole town was enveloped in a cloud of spicy, sweet, cooking smells, harmonious and not, emanating from every kitchen. Clam sauces, sizzling fried cod and bream, myriad seafood delicacies, mushrooms, *broccoli di rape*, and other succulent dishes were being prepared for the feast before the midnight Mass. After the meal, I indulged in *struffoli*—fried dough balls drizzled with honey—and *amarene*—bitter cherries that had marinated for months in a very sweet bath of sugar and alcohol. Years later, Zia Esterina, whose specialty they were, always had a jar ready for me when I arrived from America. And of course, coffee! The rich, black, strong liquid that even we children drank in the morning with milk and yesterday's bread.

Whenever I wanted to conjure up winter, I reached into Nonna's glass-fronted cupboard where she kept a small green bottle of perfume shaped like a pine tree and appropriately named "Pino Silvestre." I often opened it and reveled in the sharp fragrance of northern pine and frost.

The upper floor of the Palazzo was where the Borrelli family's quarters were located. I remember a huge room with several large sofas, covered in white sheets for most of the year to protect them from dust while the family was away. In a corner, there was a grand piano with a lamp on top of it that always intrigued me. Fashioned of dark metal, it was a lady dressed in a sinuous, off-the-shoulder gown. One of her hands held aloft a large, white globe. The slivers of light coming through the closed shutters gave the room a mysterious and elegant air. To me it was a glimpse into a world of luxury and unimaginable pleasures. In another room, a mahogany sideboard with intricate, sculpted forms covering every inch of its massive frame frightened me. These shapes seemed like dark, demonic figures that could come to life at any moment.

I was more at ease on the other side of the building, still on the upper floor, where the furniture was battered and where there were scads of small farm implements strewn about. Corn husks scattered on the floor crunched under my feet and occasionally I heard a rustle not of my own making. Wide-eyed, I took everything in: the look and feel of grain as I dipped a small hand into the open burlap sacks, the dust I touched on an abandoned cupboard, the hard shells of walnuts and hazelnuts in chipped bowls. Sometimes the adult I followed into these other worlds cracked open several nuts for me to taste. I eagerly munched the delicious cores.

In a corner of the courtyard, Nonno hung fresh oregano to dry. Right next to it, through a gray and weathered door, I followed him into a wide room where there were many barrels filled with plump green olives marinating in salted water. He used to scoop some out for me. How sweet and delicious they were! There was also a simple olive press, not very much used any more. When in use, a donkey would go round and round a shallow pit pushing a wooden beam attached to a stone grinder. The grinder pressed the olives in the pit and extracted the oil.

On many a summer afternoon, Nonno and I took a long country walk. I loved seeing lizards darting in the underbrush and enjoyed picking vibrant red poppies growing wild in the fields. When we came home tired and dusty, we would take a long nap, he on a canvas army cot, I on a soft mattress filled with wool. Once a year, the wool in the mattresses, which had matted down from use and become lumpy, had to be taken out and carded. Carding was done by itinerant workers who made their rounds in Avella over several days. They placed the wool on a large rectangular board which had long metal upstanding teeth and then combed it or brushed it back and forth with another similarly shaped board placed on top. This process separated the wool fibers and made the wool light and fluffy. It was then stuffed back into clean mattress covers which had preset holes at regular intervals. I often threaded ties through these holes with a very big curved metal needle and then fastened the ties in a knot. The finished product was a brand new, tufted mattress to dream on.

When I was older, I helped Nonna with chores. I can still smell fresh laundry that she and I hung out to dry. Even though we had electricity, we did not have electric irons. I pressed clothes with a very heavy iron that had been placed on hot coals. It was a difficult task, but one that, oddly, I enjoyed. To this day, I have no objections to a pile of laundry needing to be ironed. It frees my mind to wander, and that is always a good thing.

When I first took my children to Avella, I eagerly showed them the Palazzo Borrelli. At the time it was showing signs of neglect. We fingered the rusty knocker of the portal and peeked through the keyhole. How could they possibly imagine the richness of my experiences by a cursory look through that narrow opening?

THE DUCAL PALACE

My mother was a seamstress from the age of 11. She was not just handy with a needle, but was a true artist, designing and fashioning dresses, coats, skirts with inventiveness and perfect execution. Everyone wanted her creations. Her friends have often told me that they relieved her of housekeeping duties just so she could continue to ply her trade. When I was a small child, they also offered to parade me all over Avella while she worked. Imagine me sitting in my stroller, clothed in my mother's lovingly handcrafted clothes, being admired like a well-dressed celebrity!

It stood to reason that the most notable lady in town would want to avail herself of my mother's sewing expertise. The Countess Alvarez de Toledo, neé Anna Maria Dupont, and her family lived in the Palazzo Ducale on the main square of Avella, Piazza Municipio. Her husband, Alvaro Alvarez de Toledo, was a descendant of Spanish nobility.

I have heard the Palazzo referred to as Palazzo Ducale, Palazzo Alvarez de Toledo, Palazzo Colonna, Palazzo del Conte, and Palazzo Baronale. Because members of the noble families whose feudal lands encompassed Avella had several titles and in many cases were bound by marriage to other noble families, it is understandable that the Palazzo would be known by different names.

In any event, the Palazzo was built in the early part of the 1500s and it still commands a large area of the square. In the 1700s, buildings around the square were constructed in harmony with the Palazzo, presenting not only a unified vision, but also highlighting the imposing ducal building. The oleanders lining Via Roma, directly facing the square, and the many square-shaped trees planted along the curbs in the piazza, were part and parcel of my memory bank after I left Avella. Their trunks were painted white with lime in order to prevent pests from rising up the tree bark and infecting them. These trees lent an air of formality and symmetry to the entire area. While pruning trees into square shapes was the norm in many a paese in Campania at the time, it is rarely seen today, and no one remembers the reasons for it.

From the age of 16 until after a few months after her marriage, my mother lived in proximity to the Countess, either on Via Roma directly facing the square, or on the square itself. My parents then moved to the Palazzo Borrelli. The Palazzo Borrelli is just a block away from the Ducal Palace, down a small dip in the road at the western end of Corso Vittorio Emanuele. This road cuts right through the square and continues to the outskirts of town at its eastern end where the Roman amphitheater is located.

As a very young child, I often accompanied my mother on her visits to the Countess. They shared a cordial friendship within the strictures of the times. Even when she was not in residence, my cousins and I were allowed to play in the garden at the back of the Palazzo. The tang of boxwood perfumed the air as we scampered along the paths. We climbed and hid in the hollow of a centuries-old plane tree. There were two pools directly in front of the tree, one of them overlooked by a reclining stone figure representing the Nile River. Orchards and woods extended behind the garden, but we never ventured there. This area continued almost to the railway station where Zio Nicolino, my mother's youngest sibling, lived. After an evening visit to him and his family, the slow walk home for me was fraught with imagined danger lurking behind every tree. With a slight shiver, I still recall the darkness and the quiet of night broken only by the ominous sound of leaves as we walked alongside these woods.

For many years, the Ducal Palace sat forlorn and neglected and the fountain located in front of the building was left dry, crumbling in the sun. As teenagers, Mimmo, his friends, and I (if I happened to be visiting) often perched on its rim at midnight and played guitars, much to the annoyance of townsfolk who were well asleep by then.

In the late 1960s, I was fortunate enough to meet one of the Countess' three children, Chantal, just a few years younger than myself. She very graciously took me on a tour of the Palazzo and I shared with her my wonderful memories of her garden and of our mothers' visits.

The fountain in front of the palace now sports jets of water and is the focal point of the square. Unfortunately, the architectural harmony exhibited by the low-slung buildings around the palace was lost with mid-20th century design and construction. The Palazzo was restructured after damage from the earthquake in 1980, the façade was repainted, and it is now the headquarters of the municipal government.

The wooded area behind the Palazzo has been developed into new homes. The garden, well-tended now but much smaller, still retains the pools, the statue, and the boxwood. I was saddened to learn that several years ago the 500-year-old plane tree was struck by lightning. All that is left now is a short trunk covered with green shoots. It remains to be seen whether it will reflourish to its former glory.

THE CLANIO RIVER

When I was a preteen, one of my favorite pastimes, besides reading, was rummaging through my mother's box of old photographs. There I was, in the courtyard of the Palazzo Borrelli, a young child holding onto my grandmother's skirt, wearing a huge ribbon in my hair. Another photo, taken years later, in another corner of the courtyard, shows me cradling my baby sister Patricia, just a few weeks before leaving for the United States. My favorite photos, however, were of my mother and her three siblings, Esterina, Ninuccio, Nicolino, and their friends as young adults. They seemed to be having a wonderful time, smiling and posing against stone walls, or lush vegetation, or against the backdrop of a centuries-old palazzo. The one photograph that always seemed to draw my attention was one taken on the banks of the Clanio River as a massive cascade of water framed the background.

I was fascinated. The power of the water and the unconcerned mien of these people standing so close to it made me eager to see it for myself. I never did, neither while I lived there nor during my many visits. If anything, what I remembered most of the Clanio River was dust, stones, and an aridity that did not speak remotely of water ever having lapped its banks. A dried-up riverbed was all I saw. During summer holidays, my cousins and I used to take long hikes through the countryside to Capo di Ciesco, near the old Roman aqueduct and where the Clanio finally reaches more level ground. We rarely ventured farther up the mountains to Le Fontanelle, one of the Clanio's spring sources, and the one time we did, there was just a thin rivulet of water splashing down the rocks.

It was not until my spring visit to Avella in 2013, when Angelina took me for a walk along the Clanio beyond Capo di Ciesco, that I finally saw water coursing through the river bed. There had been much snow on the mountains that past winter and torrential rains in the spring, hence the abundant flow. In autumn 2013, I saw the Clanio River again, dry and dusty after a very hot summer, just as I remembered.

THE CASTLE

When I lived in Naples with my parents, trips to Avella meant taking an old local train on the Baiano line of the Circumvesuviana railroad that circles the base of Mount Vesuvius. I remember sitting on wooden seats and watching ladies' bosoms heave with each turn of the wheels. My childish frame did not bounce, and for a few moments, I ached for that measure of adulthood. The landscape that scurried past held me in thrall: small plots of cultivated land, farmhouses, the occasional congregation of cows, a couple of horses grazing over gently rolling land. The train stopped briefly at stations, each no more than a small building, and rested a little longer at the ones serving larger towns like Pomigliano D'Arco or Nola. Once Nola was reached, I knew we weren't too far from our destination, but somehow that stretch from Nola to Avella always seemed interminable. The names of the *paesi* on the route sounded melodic and poetic: *Nola, Cimitile, Cicciano, Roccarainola, Avella, Baiano.*

After Roccarainola, the familiar shape of the castle tower suddenly appeared. It was a beacon welcoming me home, for I always felt Avella to be my home, not Naples. Here I could run free up the slopes of the hill, among bushes of broom that exploded with bright yellow flowers. My cousins Mimmo, Rino, Gennaro, and Domenico joined me as we scrambled over stones and made our way to the tall, round tower overlooking the town and the valley. Through an opening on the lower level of the tower, we hoisted ourselves up a cylindrical shaft, grasping familiar footholds. Our young bodies barely fit, but we persevered and shortly emerged on a narrow ledge circling the inside circumference of the tower. Standing up, we surveyed our dusty domain, then somehow accessed the wall walk on the ramparts and continued to explore. We knew there was a cistern somewhere on the grounds and had been cautioned not to venture near it.

We also knew that it was a spot for romantic trysts. Not yet interested in such venues, we preferred to wiggle in and out of our sanctuaries. We lived in the moment, enjoying the sun like the lizards that scampered on the hot stones.

Throughout the years, these castle ruins have figured large in my imagination and fueled my interest in all things medieval. During my visits to Avella, one of my most cherished activities has been to climb up to the base of the tower. As I've grown older, of course, the ascent has become much more challenging. Nonetheless, once at the top, I can revel in the stunning views and understand once again how this particular location mattered in the strategic defense against incursions by invaders.

I have also spent many a golden afternoon gazing at the castle from the rooftop of Mimmo and Angelina's house. Angelina has reintroduced me to Avella's rural past, its traditions, and its culinary delights. She is an excellent cook and whenever I visit, she indulges me with my favorite dishes: fried zucchini flowers, pasta and pumpkin, potato croquettes, grilled vegetables, flaky peach *crostata*... She eagerly shares her recipes and I, in turn, impress my family with my newly acquired cooking skills.

Her brother Ninnone is currently building a house which is located in a cozy spot nestled between the mountains and the rear of the castle. Angelina and I love to visit there. She gathers wild fennel that she makes into delicious liqueur, wild arugula that, with a thread of her brother's olive oil, is so delicious. From Ninnone's terrace I can look over the top of an olive grove and through an allée of pine trees to the castle's rear wall and round tower. On several occasions, sitting on that terrace, sipping wine from grapes that Ninnone himself has grown, harvested and pressed, eating walnuts and the famed Avella hazelnuts, I have imagined the long-ago days of a medieval châtelaine. I would like to believe that it was Francesca D'Avella, Lady of the Barony of Avella, because she was the last in the Norman lineage to hold the castle in her possession.

It is a beautiful afternoon. My cousin Mimmo rounds the approach to the highway that will bring me from Avella to Naples to visit my sister Tonia. In a few days I will return home to the United States. Suddenly the vista opens up and I see the castle, center-stage under the golden spotlight of the setting sun.

The old stones glow. The soft colors of autumn carpet the countryside. The sloping curves of the hill where the castle and all its battlements stand seem gentler. The mountains look more imposing, more protective of the valley.

I am overwhelmed.

My camera is already packed. Just as well, we are moving too fast. The castle and the mountains are framed against an immense blue sky, festooned with rose-tinged clouds. I close my eyes and imprint the sight on my memory.

POEMS

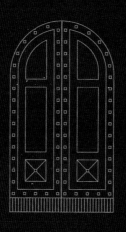

50

Memories

Rumble on distant tracks

Clatter in the night

Reverberate in an empty room

Fill it with the rhythmic pulse

Of steel sparking steel

The worn carpet mutes the sounds

Gentles the crescendo

Holds the coda

As the wheels roll

Into the dark forest

Avella

When women clear the last dish from the table
Torpor settles like a veil upon my town.
I and my old muse, Memory, meander
Through still, deserted streets.

She points to old doors cracked from sun and rain
Murmurs, "Once there was a woman there,
She lost her husband in the war.
Her children live better lives elsewhere."

Just a few steps away, she looks up,
Sighs at the sight of yet another
Ruined palazzo: wrought iron balconies
Rust in sunlight, thick cobwebs drape the door.

Memory leads me by the hand
Through streets carved out of woods,
Noble, ancestral land that in my youth
Rambled almost to the railway line.

Where orchards once perfumed
The air with peach and apple smells
New houses grow, glass doors shimmer,
Roses sit in pots on marble tiles.

Memory spies an empty corner
"There was a creaky spigot in the wall,"
She laughs and I hear cold water
Splashing into buckets, spilling on our feet.

She crosses her breast, then gently
Touches crumbling stones, a hollow
That was once a shrine, not a hint of
Flowers now or candle lit in prayer.

We reach the hill road where the castle reigns,
Move to the side to let a car go by.
Memory smiles, disappears
Among millennial stones.

Quiet Child

I was a quiet child
my mother always said
so quiet that often
she forgot me
in the garden
there in the stroller
looking at the lemon trees
listening to the sparrows

as I grew up
I read quietly for hours
waves of words engulfed me
rendered mute my own

when you marry, how will you care
for your children, always your head
in a book?

Mother,
I am no longer quiet
and have children of my own
trees make my heart rejoice
but a book
is still a siren song

The Country Path

The leaves are silent, overcome by heat,
the lizards wary, in their stone-like stance,
while coins of sunlight, strewn among the rocks,
filter the dancing dust motes in the air.

The path is narrow, and the world is wide,
my hand is safe in his too trembling grasp,
as old and young, our steps move slow, to reach
the crumbled relics of an unknown war.

Pallid colors of a frescoed Virgin
stand in the open air, amidst a nave
of tall, golden grass, burdened by the sun,
and lonely poppies with their heads bowed low.

The murmured prayers of lethargic bees
easily mingle with our quiet breaths
as he and I stand still, till dusk sets in,
in this burned out shrine, on this summer day.

The war forgotten, my grandfather gone,
the grass plowed under, and the poppies crushed,
there is no memory in the summer air
only the magic in my secret heart.

August Heat

Grandfather and I sleep
on cool canvas cots
our breathing slow
August heat
seeps unwelcome
through tight-lipped shutters
slivers of sun insinuate themselves
into the daytime darkness of the room

the world lies still
in the forever hours
of a summer afternoon
only the droning of a bee
weaves trance-like cobwebs
round our heads

sinuous clouds of fragrant coffee
stir our senses
rouse us to the distant chatter
of china cups and spoons

Tea with the Countess

mother sits and sips
together with milady
under the soothing shade
of an ancient plane tree
they talk of lace,
fabrics, fashion,
families, and fairs

we children scamper
like squirrels on the
tree's broad roots, find
the hollow in its heart
where we sit wide-eyed
sharing young secrets
in the musty dark

suddenly bored, we flee
our nest, chase one another
through the boxwood hedges,
hide below the outer rim
of the reflecting pool,
our giggles froth like water
gushing from a nearby spout

at play's end, we file
behind our mothers
carrying teacups,
spilling crumbs along the
courtyard stones into the cool,
dim sanctuary of the kitchen
the Countess has no staff
she says, "the war…"

Cod Liver Oil

cold, dark, slippery liquid
offered in a deep-bowled spoon
by an insistent hand,
shimmers like poison
in the morning light

grandmother's urging
in her best, soothing voice
does not mask the taste,
I long to hide, evade
the bitter ritual

I surrender to a bribe of sugar
formed into a soft ball of cloth
tied with a string,
a makeshift lollipop
that lingers sweetly
on my assaulted tongue

Blackberry Summer

in the early morning light Nonna rouses us with the gentle crack
of eggs, perfect warm ovals just delivered by a farmer's wife

we young cousins eat biscuits softened in hot milk and coffee,
watch as she whisks then pours liquid gold into sizzling oil

she adds cheese, folds, and forms fragrant omelets, cradles them
in thick slices of brown bread, wraps them in crisp, clean towels

our canvas lunch bags swing like censers, release the heady scent of eggs and
cheese, incense that wreathes and blesses eager hikers on a summer outing

as we move through sleepy streets, a rooster crows, a dog whimpers,
water gurgles from an open spout, carts rumble on uneven stones

we saunter through orchards, fields, and groves, breathe the ripeness
of figs and peaches, watch olive trees glint silver in the young sun

filled with freedom, we run, chase birds, kick up dust, pebbles, twigs,
swat a noisy horsefly in the air, try, in vain, to snatch a lizard tail or two

with midday heat our vigor lags, we sit, unwrap moist towels
bite into our still warm bread as we listen to the drone of bees

nearby, a cold mountain stream tumbles down a steep ravine
we thrust our bare, tired feet into its bracing surge

we cup our hands to drink, splash our faces and each other,
a sudden flood of giggles washes over boulders, bushes, trees,

slowly we turn towards home, at leisure explore a cave or two,
mimic bird wings in flight, hop like rabbits on the run

plump blackberries glisten like jewels, beckon us with black,
purple, deep red clusters framed by dense green foliage

joyful gluttons, we pick berries by the fistful, each bite bursts
deep sweetness in our mouths, dribbles dark juice down our chins

Nonna smiles when she spies our stained clothes, hands, faces
shepherds us to soap and water that does not forgive our purple sins

Summer Games

we open tall wide windows,
climb onto stone ledges
a few feet off the ground.

sure-footed, we spread our arms
bend our knees, leap through the air,
land on sandy, pebbled earth on the

other side of a spring-fed brook,
clear cold water running over
smooth brown stones

when the game wears thin
and knees become
caked with blood and dirt

we play tiddlywinks
on marble stairs and landings,
lemon cool in summer heat

courtyard antics, chasing
chickens to their coop
fill the last hours of the day

until Nonna cleanses us
of daily grime with rainwater,
sun-warmed, in a large, tin tub

Nonno's Portrait

You sit askew on a cane chair
Draping your left arm
Over the wooden back
Cigarette in hand
One leg crossed over
A jaunty pose

Man in your prime,
Strength, confidence, ease
No hint of tremors
That will haunt
Your later years

Your hair is dark
Not the gray I remember
But your crew cut
Square mustache
Wide suspenders
You sport forever in my mind

In a snapshot of memory
Winter supper done
You sit again
Tilt the same chair backward
In a precarious balance
Of mischief and contentment

A smile spreads from your lips
Across a cold room
Embraces Nonna and me
Keeps the wind at bay

Nocturne

we walk slowly on a rutted path, mother and child,
deep into a sea of green-black fields
moonglow cresting on the summer night

the train rumbles at our back,
clattering metronome for a symphony
of cicadas in their last throes of life

a friend waits in an old farmhouse
we do not see the crumbling stairs or worm-eaten door
only pink stones washed silver by the moon

we greet the woman, face and hands gnarled
like the rough-planked table in the middle
of a cool room, lit by homemade candles

love and friendship, conveyed with entreaties
to sit, eat, savor the fruits of earth
brought forth with those same knotted hands

dark crusty bread, sweet green olives, pungent cheeses,
eggplant slices layered in shimmering oil,
fragrant sausages, peach globes like captured suns

mother and I eat, the woman talks, nods, coaxes us
to try this and that, thick custard for blackberries
picked this morning, eggs fresh from her hens

when supper ends, soft voices settle into rhythmic cadence
I sit rocking back and forth, back and forth,
on my lap kittens purr in harmony

finally we nestle, burrow into a corn husk bed
like field mice in a pile of autumn leaves,
our whispered prayers echo the crackling sheaves

Courtyard Bully

on a flat stone slab
in my grandmother's courtyard
I sit, alone
weaving a daisy chain
of ivy vines and clover
a toy dog by my side

fragile still from fever and bronchitis
through the hoarseness of my voice
I breathe in summer
spiced with lemon scent
from ripe yellow ovals
nestled in a weave of deep green gloss

a harem of bored hens
scratches the hard-packed soil
looks up for a moment
as a rooster struts
crowing his manly pride
feathers and comb puffed out

in sudden rage he flies straight to my perch
his talons dig into my thin child's chest
his beak pecks right between my eyes
warm blood trickles on my lips
his malicious declarations
drown out my raspy cry of pain

rescue comes swiftly
as my mother spies
the flurry of wings from a kitchen window
my grandmother vows
to pluck him, season him, simmer him
into a scrumptious Sunday stew

Relentless

the wind's low moan

soars quickly to an angry roar

through the cold streets of winter

icy fingers hurl stones

rip branches   scrape   pound

pry open shutters   loosen hinges

metal clatters onto

cobblestones worn smooth

by centuries of rain   ice

and by the wind's rough

sweeps as it careens

down valleys into town

Winter Evening

wind snaps wires
the feeble light
encircling
our expectant table
fails

mushrooms sizzle in a pan
sibilant hags
whispering secrets
filling the sudden blackness
of the room

hot coals in a brazier
cradled in soft beds
of ash
sputter their displeasure
as grandfather prods them
into wakefulness

their warm sighs
rise
reluctantly
into the winter chill
as we wait for supper
in darkness
softened
by a candle's breath

On Christmas Morning

I wake to sweet perfume

of mandarins and chocolates

on my night table

traditions to be savored

in the milklight of dawn

Dark sweets

melt on my eager tongue

tart juice wets my fingers

as I peel, bite into plump

sun-colored rounds

Later, tatters of rind tossed

into the blazing hearth

spark tangy notes

in cold December air

Epiphany

under a warm nest of blankets
I lie awake listening to the wind
waiting for the old hag Befana
whose dark night's purpose
is to bring gifts to children
like Wise Men to the newborn Jesus

my heart beats fear mixed with desire
I scan the room
find treasure underneath the window
"Befana's come!" I shout

I hear bedsprings creak
as Nonna rises slowly
to meet me in a warm embrace
the night light flickers, dies as
a rush of icy air fills the
corners of our room

we shiver in darkness
jolted by the sudden battering
of shutters against the window sill
Nonna fastens latches, lights a candle,
smiles, leaves me to my gifts

I kneel by a small wooden tub
embrace a doll with porcelain lips
savor smooth, silk chocolate
feast on a trove of books
I caress the covers, choose one
as my night's companion

I read till dawn, move closer
to the last lick of candlelight
when the tired flame singes my hair
offers acrid incense
to this magic night

Under the Bridge

where the river once flowed strong

before the sexual revolution

before the mystery

was laid bare

———

at twilight, the shadow hour

sin hovers in the air

like a dark cloud

just before the rain

young blood rushes

with desire

eager hands grasp

soft warm breasts

lips spark fire

down the length

of skin

The Last Châtelaine

on your castle ramparts
you wrap yourself in a mantle
of brocade silk lined with fur
against the frost air of spring,
even from a distance
your greyhound knows the smell of you
you hear him baying from within the keep

with gentle hands you cradle
the swollen belly that your husband
hopes will yield a son
a future knight who wields a sword
knowing that his blood lust
may some day be his own undoing

a daughter may be more comfort to you
as you both weave intricate stitches
into tapestries and silken cloths
dream of midsummer's fragrant hay
of hillsides ablaze with golden broom

you shiver with a choice not
yours to make, shield your eyes from
the setting sun, see the glint of chain mail
the colors of familiar banners
hear the distant hoofbeats of steeds
eager for home

you call for cooks, grooms, servants
mingle among the dogs, stroke their
fur, calm their excited howls
stand in the half shadow of a door
as steamy, snorting horses
invade the courtyard, clatter and sparks
flying on the hard, rough stones

he greets you with a nod and swift embrace
you breathe his damp, earth-splattered cloak
sweat, blood, ale, feel the unexpected thrill
of his bruised lips, the man, your master, lives

tonight, when the last strains of dulcimers
the pungent whiffs of roast boar
the rustle of rushes on the hall floor
lose their way up the winding stairs
you lie awake, feel life
beside you, inside you

Late Afternoon

the old ones sit by a blazing fire
fanned by whiffs of wind
hissing down the chimney flue

he wears a shirt and tie, every day,
a tweed cap, gray woolen pants
short, shawl-collared dressing gown

she wears warm sweaters, skirt,
stockings that gently mold swollen ankles,
soft slippers on her feet

his headphones amplify the sound of
TV news, car races, game shows —
he comments, not expecting answers

she hears better, modulates the sound
on the remote, waits for time to pass,
asks questions that are not answered

finally he stirs, walks a few steps, boils water
into coffee grounds, sets cups and saucers
on a tray, haltingly carries it to the table

a walker steadies her steps as she stands
to join him and their son, home from work,
their bitter cups sweetened by small spoons of sugar

Under the Linden Trees

at five o'clock the old men gather,
exhaling their espresso-singed breath
into the late autumn air
they meet under the shuttered gaze
of a Franciscan church flanked by a convent
where one lone monk lives out his days

Michele limps proudly without a cane
an old soldier with stories still to tell
Antonio joins him, lights a fresh cigarette
lets it dangle rakishly from his lips,
Vincenzo's worn brown jacket
smells of smoke, wood and leaves
culled and burned from tidied fields
Sebastiano whistles sotto voce
swings a chain of keys hanging
from a trouser loop

some sit on stone benches, others lean
on the parapet a few feet off the road
where cars whiz by on black volcanic stones

the old men talk of wives and battles,
the loss of crops or hearing
the comfort of a hearth-side snooze
while the wind wails
down the mountains into town,
they mourn past Sunday strolls
under the same trees, young saplings then,
when furtive glances with black-haired girls
led to sweet betrothals, even sweeter nights

they sigh, disperse as the air turns cold
footfalls echoed by the convent bells

From Angelina's Window

I see

a pear-shaped steeple

glimmer in October sun

pale oranges blush stronger

as the day grows warm

I see

jasmine spilling out of pots

into a cloud of pink rosebuds

ferns cascading

down a white-washed wall

I see

what Angelina sees

as she stirs sauce

and spices

From Mimmo's Rooftop

the mountains loom large
over the valley and the town
the castle, keep, and ramparts
in relief against the sky

abandoned farmhouses, cast off quarries
gape like wounds down sloping swells
new villas sprout steel-branched antennas
cupolas and steeples gleam

weathervanes atop parapets of brick
spin centuries before my eyes:
Romans cheer blood sport
in the amphitheater at the edge of town

Saracens storm castle gates, knights joust
nobles dance in their palazzos
peasants sow seeds, sheep graze
merchants hawk their wares

———

sprawled on the sun-warmed tiles
a young tomcat thrums his pleasure
among roses, jasmine, and geraniums
I too let the sun fill my body
yield to a deep, warm peace

Walnuts and Wine *for Ninnone*

a gray cat weaves among our feet

begs to be fed as we sip wine,

eat walnuts coaxed out of cracked shells,

feast our senses on bird song, crisp air,

scented vistas on the brink of spring

we sit on chairs grimed with the plaster

of a half-built house, your house,

 your land that I have come to cherish

rooted to this place by birth and love

you honor my return among

these ancient mountains

within sight of a sun-splashed castle

the subtle wind whispers, warns me

through olive trees and grapevines

that soon I will return

to harried rhythms half a world away

The Names of the Dead

Dusty registers with a whiff of mold
Stand in disarray on sturdy metal shelves,
They crowd, they lean in tall precarious piles
Buried secrets, abandoned,
Discolored by the touch of time.

Sifting the pages for ancestors long
Forgotten, my eyes scan unfamiliar
Scripts, round flourishes, a river of words
That flows densely on the page. I become
Witness as scenes unfold under my gaze:

The clerk dips pen to ink, grates the black nib
Into the rough texture of his paper.
He writes the names of the dead, of newborns,
Of burials, of matrimonial vows.
I see generations come to life.

Two shy young peasants on their wedding day
Murmur their names, ages, parentage and
Parish, shuffle their feet as the word "fee"
Hangs in the air. The pen scribbles "fee waived
Because they're poor." The bride casts down her eyes.

The tradesman comes, cradling his newborn child,
Relatives, friends crowd around him, smiling
As he bestows his father's name upon his son.
Ancestors' names recur throughout the years
Until wars, famines decimate the line.

Uncles, brothers, cousins, teary-eyed with
Handkerchiefs in hand, declare their loss:
Name, age, spouse, parentage and parish,
In voices as strong and clear as they can muster.
The names of the dead, and they are all dead.

Does It Matter?

to search for you,
       my ancestors,

to know your names, your dates of birth
       and death, your marriages, your children

to look for the unbroken cord
       that links my life with yours

it matters

when I walk the narrow streets
       you walked

when I hear church bells echo
       the distant measure of your days

when I feel splinters on the weathered wood
       of doors you touched

it matters

GALLERY

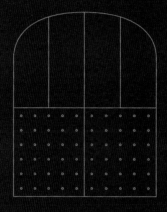

DOORS OF MEMORY

Remembering My Birthplace

PORTE DELLA MEMORIA

Ricordi del mio paese

ELEANOR MAIELLA IMPERATO
Traduzione di Patrizia Maiella

Ai miei cugini
Mimmo ed Angelina Pescione

Attraverso il loro portone
mi ritrovo a casa

Introduzione

Faustino Quintanilla
Direttore Esecutivo

QCC Art Gallery
Queensborough Community College
The City University of New York

In questo libro unico e bilingue, in italiano ed inglese, Eleanor M. Imperato tesse uno straordinario intreccio tra poesia, prosa e fotografia. Queste forme d'arte esprimono, sia individualmente che nell'insieme, la creatività dell'autrice nell'esplorare i tempi passati e presenti, che metaforicamente emergono attraverso diversi portali, sia antichi che moderni.

La prosa, le poesie e le immagini descrivono vividamente Avella, il paese dove è nata in Italia ed i ricordi dei suoi primi anni in quel luogo. È stato in questo periodo formativo che Eleanor si è legata a questo posto ed a tutti i suoi riferimenti geografici e strutture architettoniche iconiche. Prevalgono su quest'ultime le rovine di un vecchio castello di circa 1500 anni che si affaccia sul paese dalla cima ventosa di una collina.

Nel componimento "Avella, la sua storia," l'autrice fornisce una descrizione semplificata per meglio comprendere la storia del paese, dai suoi primi anni da cittadina osca, poi etrusca, sannita ed infine romana. Le tracce di queste civiltà sono ben presenti ad Avella, sia sotto terra, nella forma di tesori archeologici da tempo perduti, che in superficie sotto forma di tombe romane monumentali ed un anfiteatro. L'autrice ci guida dolcemente attraverso i secoli verso l'era moderna, mostrandoci come il passato ed il presente coesistono. Tuttavia è il castello, prima costruito dai Longobardi e poi modificato da una serie di regnanti, che funge da faro per il paese.

Il componimento che segue il racconto storico, "Avella, la mia storia," è il cuore del testo. È qui che con la sua prosa vivida descrive meravigliosamente i suoi primissimi ricordi e li integra senza interruzioni, sia col paesaggio che con le strutture prominenti del paese. I giorni di festa dei tempi lontani prendono vita attraverso i racconti estremamente descrittivi, in cui è costante la presenza di nonni e parenti. Il ritmo della vita di tutti i giorni durante le stagioni della sua giovinezza, oltre alle visite successive ad Avella, viene evocato con sensibilità in questo racconto affascinante.

Le venticinque poesie di questo volume completano ed impreziosiscono il testo. Qui i ricordi d'infanzia sono espressi attraverso metafore e descrizioni ricche che scorrono piacevolmente pagina dopo pagina. Le poesie, come scatti fotografici, evidenziano i dettagli che catturano la piena consistenza della vita mentre viene vissuta, oppure, in alcuni casi, semplicemente immaginata.

L'autrice, come artista, si esprime in questo libro anche attraverso le sue fotografie di portoni, porte, paesaggi ed icone architettoniche di Avella. Le porte sono spesso antiche, cimeli di tempi ormai passati. Le loro superfici evidenziano molto più degli effetti del sole, della pioggia o del vento; esse sono le porte della memoria, che legano l'autrice alla sua infanzia. Esse sono anche testimoni di un mondo che cambia.

Eleanor M. Imperato è un'artista creativa che in questo libro usa tre mezzi di comunicazione per raccontare i suoi ricordi. Riesce a collegare in modo originale gli elementi visivi con la prosa e la poesia scritta, dando luogo ad un libro unico e straordinario. Il libro e la mostra che lo accompagna, risvegliano la nostra percezione estetica per esplorare tempi e luoghi finalmente liberati dagli abissi dei ricordi.

La QCC Art Gallery è lieta di presentare questa mostra molto appassionante e sinceramente ringrazia Eleanor M. Imperato per aver messo la sua opera a disposizione del pubblico.

Prefazione

Angelina D'Avanzo Pescione
Avella, Italy

L'idea di fotografia come memoria, legata alla prosa e poesia, ci rivela un diario intimo, non più gelosamente nascosto nel fondo di un cassetto ma una realtà dunque vissuta nell'interiorità dell'anima capace di evocare in ogni singola immagine una suggestione narrativa sospesa tra mistero e nostalgia del tempo perduto.

Attraverso *Porte della memoria*, l'artista Eleanor Maiella Imperato ci svela una intimità intensamente vissuta e ci trasporta in un mondo di alto contenuto poetico.

Con la sensibilità di chi sa percepire la voce delle cose che parlano "di quello che è rimasto, di quello che è cambiato, di quello che avverrà," lei ci conduce per mano sul filo dei ricordi e dell'immaginazione in un viaggio sentimentale nel tempo e nella memoria storica del suo paese natio.

Ringraziamenti

Eleanor M. Imperato
Manhasset, New York

Mentre il testo *Porte della memoria* evoca un passato lontano attraverso i veli trasparenti della memoria, la sua stesura e produzione sono intrisi nella realtà del vicino passato e del presente. Sono debitrice di una gratitudine incommensurabile verso coloro che hanno toccato la mia vita nel corso degli anni ed anche in questo momento. Essi hanno fatto sì che questo lavoro così personale e significativo diventasse realtà.

Questo libro non sarebbe mai germogliato tanto meno sbocciato, senza mio cugino Mimmo Pescione e sua moglie Angelina D'Avanzo, che hanno letteralmente aperto la porta della loro casa e l'hanno fatta mia durante le mie tante visite e ricerche ad Avella. Li ringrazio assieme alla loro famiglia per avermi fatto approfondire la conoscenza di Avella, per le esperienze condivise, per le risate e per il sostegno. Qualsiasi cosa avessi proposto di fare, Mimmo rispondeva "Non c'è problema." Angelina si è sempre preoccupata di assecondare il mio desiderio di camminare e scorrazzare attraverso i terreni del castello o lungo le strade accidentate del fiume Clanio; mi ha anche viziata con le sue prelibatezze culinarie. Non dimenticherò mai il picnic che ha preparato amorevolmente ed ha servito sotto l'ombra di un albero di noce, in piena vista di vigneti, uliveti e le rovine maestose del mio amato castello.

Senza la disponibilità della più piccola delle mie sorelle, Patrizia, che ha intrapreso la traduzione di questo libro in italiano, il mio lavoro sarebbe stato significativo e celebrativo a metà per quel che riguarda il mio patrimonio culturale italiano. I miei ringraziamenti per la sua cortesia, la sua dedizione e la sua accuratezza, sono illimitati. Il suo compagno, Nico Rutigliano, ha anche contribuito molto con le sue intuizioni e suggerimenti durante il corso della traduzione. Lo ringrazio con grande effusione.

Sia Patrizia che Tonia Maiella, mia sorella di mezzo, mi hanno accolta nelle loro case e nelle loro vite a Bari e Napoli, dandomi due ulteriori ancore in Italia mentre pianificavo questo libro e le sue fotografie. Un caloroso grazie ad entrambe.

Anche tutti gli altri miei parenti di Avella mi hanno dato il loro fermo incoraggiamento e sostegno: i miei cugini Rino Pescione, Geppino Pescione e le loro rispettive famiglie, come pure le mie ultime zie sopravissute, zia Vittoria e zia Maria, rispettivamente le vedove di zio Ninuccio Pescione e zio Nicolino Pescione, i fratelli di mia madre. Gli altri miei cugini, particolarmente Antonio Pescione, da un diverso ramo della famiglia Pescione, sono stati anche loro di sostegno e sono sempre felici di vedermi. Il nostro antenato in comune ed il mio bisnonno materno, Romano Pescione, si sposò due volte.

Sono molto grata al mio collega scrittore e storico del paese Avella, Nicola Montanile, Direttore della Biblioteca "Ignazio D'Anna," per il suo sostegno di lunga data riguardo il mio interesse per la storia di Avella. Ho imparato molto sul mio paese dalle sue numerose pubblicazioni, dalle sue visite guidate esperte all'anfiteatro, alle tombe Romane, al museo archeologico e naturalmente attraverso le nostre conversazioni di persona oltre alle comunicazioni via email. Sono grata per la sua competenza e per la generosa condivisione delle fotografie di Avella antica. Attraverso di lui e mio cugino Mimmo, sono stata presentata ad altri scrittori, i cui lavori adornano gli scaffali della mia libreria. Un caloroso ringraziamento a loro perché condividono l'amore per il nostro paese nelle loro creazioni.

Durante le mie ricerche genealogiche al Comune di Avella, ho avuto la fortuna di incontrare Marianna Salapete e Carmine Pedalino. Sono diventati "colleghi," e molto gentilmente e pazientemente mi hanno aiutata nella mia ricerca sui miei antenati. Li ringrazio per il loro aiuto, ma sono ancor più grata per la loro amicizia.

Altrove in Italia, i miei cugini Gennaro e Domenico Napolitano a Bari, e Maria Antonietta Pescione Sorice a Varese, insieme alle loro famiglie, sono sempre rimasti in stretto contatto. Sono commossa per il loro continuo affetto ed orgoglio per il mio lavoro.

Per quel che riguarda gli Stati Uniti, i miei ringraziamenti iniziano con la mia famiglia, che ha sentito parlare del mio amore per Avella per molti anni. Loro, infatti, sono entusiasti perché sto dando finalmente voce e memoria visiva ai miei sentimenti profondi per il castello ed il paese che esso sovrasta, il luogo dove sono nata. Grazie Pat per il tuo aiuto, come consulente quando chiedevo e come ispiratore quando ne avevo bisogno. Grazie Alison, Gavin ed Austin per aver ascoltato avidamente le storie della mia infanzia. Questo libro è parte del mio lascito per voi. Dopo tutto, attraverso di me anche voi siete parte di questa terra dove i nostri antenati camminavano ed attraverso le cui porte vivevano le loro vite.

La mia più sentita e profonda gratitudine va a Susan Astor, una buona amica, poetessa e scrittrice la cui supervisione esperta del manoscritto inglese, mi ha permesso di continuare a ritoccare e rifinire il testo durante le molte revisioni. Il fatto che abbia reso l'intero processo piacevole, è prova della sua pazienza, della sua creatività e professionalità. Ai miei colleghi poeti, Richard Barnhart, Mary Jane Peterson, e Mary Watts vanno i miei ringraziamenti più sinceri per aver ascoltato varie versioni delle poesie incluse in questo libro. Il loro incoraggiamento costante è profondamente apprezzato.

La mia buona amica e vicina di casa, Camille Dee, è venuta nuovamente in mio aiuto correggendo il manoscritto in lingua inglese, come fa spesso con tutti i miei progetti di scrittura. Camille, ti ringrazio tanto per la tua affettuosa gentilezza.

Grazia Bozzoli Rosenberg è stata molto cortese nel correggere il manoscritto in lingua italiana, per cui le sono molto grata.

Leonard Kahan è un amico ed un artista con un occhio molto acuto per i dettagli, per il significato e la comprensione nelle creazioni artistiche. Sono molto in debito con lui, per aver speso ore ed ore aiutandomi a selezionare le migliori fotografie per il libro e la mostra. L'assistenza e la conoscenza che ha dispensato mentre discutevamo le qualità di ciascuna fotografia è stata sorprendente. Grazie per il tuo entusiasmo, per gli elogi e la fiducia nei miei sforzi fotografici.

Moltissime grazie vanno a Zackery Robbins, il designer che ha entusiasticamente accettato di dare alle mie creazioni ibride di prosa, poesia e fotografia una bella ed impeccabile presentazione. La mia visione è stata fedelmente e sensibilmente rappresentata, ed è per questo che gli sono estremamente riconoscente.

Grazie a Jeff Frankle di Duggal Visual Solutions a New York, ad Alex Salazar di Bob's Photo a Manhasset ed ai loro collaboratori, per la loro competenza nello stampare le fotografie.

In conclusione, porgo il mio calorosissimo ringraziamento a Faustino Quintanilla, Direttore del QCC Art Gallery al Queensborough Community College, The City University of New York, per avermi dato l'opportunità di esibire le fotografie del mio lavoro *Porte della memoria* e di pubblicare il libro che lo accompagna. I miei sinceri ringraziamenti vanno a tutto il personale ed agli studenti tirocinanti del QCC Gallery, specialmente a Lisa Scandaliato, assistente del Direttore, ed alla segretaria Grace Duran. Conosco molto bene il lavoro che c'è dietro l'allestimento di una mostra, essendone stata testimone molte volte, per cui il loro lavoro è doppiamente apprezzato.

Riconoscendo con gratitudine l'aiuto di tutti nel portare a termine questo libro, vorrei sottolineare che eventuali errori ed omissioni sono interamente a mio carico.

AVELLA, LA NOSTRA STORIA

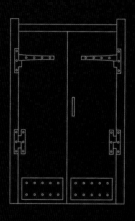

Il castello appare lentamente mentre il treno sferraglia oltre piccoli frutteti e vecchie cascine. Eccolo, sulla collina, i suoi bastioni sgretolati incorniciati dai Monti di Avella. Sembra seguire il mio sguardo, risvegliando le mie emozioni mentre viaggio verso il mio paese natio. Con gli occhi pieni di lacrime, sento il richiamo di un incantesimo primordiale che mi attira verso le rovine e le colline senza tempo.

Più tardi nel pomeriggio, salgo per un sentiero ripido verso il castello. Il mio respiro è affaticato e l'aria gelida di marzo mi punge il viso. Quando finalmente raggiungo la torre rotonda, rimango immersa nel silenzio. Guardo intorno a me, le montagne e la valle sottostante. All'orizzonte si intravede una traccia del Mar Mediterraneo e la sagoma appena distinguibile del Monte Vesuvio.

Questo è il mio patrimonio.

Questa terra mi plasma, vive in me. Mi spiega chi sono e cosa amo. Sono americana. Sono italiana. Come il castello, sono normanna, sveva e longobarda. Come Avella ed i suoi colonizzatori, sono osca, etrusca e romana. Come l'alternanza dei regnanti che hanno governato questa terra, sono austriaca, spagnola e francese. Adesso so cosa mi ha trasmesso questo luogo: l'amore per la storia, per la gente, per la bellezza, per l'avventura, per la solitudine, per la fortezza d'animo.

Ne rimango incantata.

Il patrimonio italiano che comprende la gloria di Roma e lo splendore del Rinascimento, è la mia eredità; sono disposta, con orgoglio ed umiltà, a condividerla con chiunque senta un'affinità per questo paese meraviglioso.

Queste antiche pietre e colline appartengono solo a me.

Per me, Avella è uno spazio iconico che nel corso degli anni ha riempito la mia immaginazione e nutrito la mia creatività. Ha pervaso le mie poesie ed ha approfondito la comprensione di me stessa e della mia storia. Situata a metà strada tra Napoli ed Avellino, nella regione Campania, Avella fu la mia casa per i miei primi cinque anni di vita. Poi la famiglia si trasferì a Napoli e, quando avevo dodici anni, i miei genitori con me e le mie due sorelle più piccole immigrarono nella città di New York. Alla fine, la mia famiglia ritornò in Italia, mentre io rimasi negli Stati Uniti. Quando ero una giovane donna, e poi come madre e moglie, ritornai spesso a trovare i parenti ed a familiarizzare di nuovo con un'Avella che cambiava. Vecchi ricordi si rafforzarono e dei nuovi affiorarono.

Cercai di rivivere i miei primi anni ad Avella attraverso gli occhi dei miei figli, facendo loro conoscere i luoghi che per me erano così importanti. Tuttavia, questo si rivelò essere molto arduo. Come avrei potuto far rivivere loro i sonnolenti pomeriggi estivi se adesso auto veloci fendevano l'aria? Come avrei potuto evocare il mistero delle aree boschive sul retro del Palazzo Ducale, se queste sono state distrutte per far posto a nuove strade, nuove ville e ad un parcheggio? Come avrei potuto descrivere i suoni dell'acqua chiara ed impetuosa del ruscello, adesso pavimentato, che scorreva vicino a Palazzo Borrelli dove abitavo? Anche il fascino rustico del letto prosciugato del fiume Clanio era arduo da spiegare. Il ricordo di un pugno di negozi che sono ora aumentati diventando supermercati, banche, negozi di abbigliamento e di elettronica, era difficile da comunicare.

Come me, Avella è inevitabilmente cambiata con il passare degli anni.

Eppure...

Il castello, di quasi 1500 anni di vita, bellissimo da qualsiasi angolo venga osservato, mi entusiasma ancora. È un vecchio amico, martoriato dalle ferite, ma pieno di saggezza. Il suono delle campane secolari mi sorprende con gioia. Ci sono ancora i frutteti, gli alberi di nocciole e gli uliveti che mi fanno venire l'acquolina in bocca. Anche adesso, ci sono le mucche che pascolano sul fianco delle colline, alzano lo sguardo, sfidandomi a fotografarle. Naturalmente accetto con entusiasmo. Le pecore miti ed obbedienti vengono ancora condotte in greggi attraverso il paese e portate al pascolo; mi sorprendono spesso, mentre cammino su strade familiari. Con più piacere che tristezza, riscopro Avella attraverso i miei stessi occhi.

Più di qualsiasi altra cosa, sono i portoni, le porte e le finestre che attraggono la mia attenzione. Mi fermo per ammirare le mura fatiscenti, per notare che la pittura sulle porte vecchie cade a pezzi e che le serrature sono arrugginite. La bellezza solitaria delle porte mi affascina. Il gioco di luci sui cardini rugginosi mi attira ancora di più. La consistenza del legno e del metallo rovinati dal tempo mi affascina. La mia macchina fotografica cattura la luce del sole e le ombre; registra l'istante presente, ma la mia immaginazione vaga all'indietro verso le vite vissute dietro quelle serrature.

Questi scampoli del passato sono aperture attraverso le quali immagino i giorni dei miei antenati, le loro pene e le loro gioie. Vedo quello che è rimasto, quello che è cambiato, e quello che avverrà. Mi meraviglio davanti ai nuovi portali: alcuni brillano con i pannelli in vetro, altri in legno splendente; ancora altri in ferro con disegni intricati. Mi identifico più facilmente con le vite vissute dietro queste porte contemporanee. Esse riflettono la mia vita. Guardando le porte antiche e nuove fianco a fianco, mi rallegro per la carica di vita che rappresentano entrambe.

Questo libro è il mio omaggio ad Avella. In queste pagine, la sua storia ed i ricordi dei miei primi anni vengono brevemente raccontati.

Le mie poesie inquadrano alcuni di questi ricordi, mentre le fotografie dei portoni che mi incantano sono testimonianze visive della storia di Avella. Questi portali sono un collegamento tra la mia eredità culturale italiana e la mia identità americana, tra la mia bellissima lingua nativa italiana e la lingua inglese che amo.

Queste porte, finestre e portali, vecchi e nuovi, sono metafore della resistenza e della trasformazione di Avella. Essi rivelano transizioni che accadono inesorabilmente nel corso del tempo, in uno spazio specifico. Essi rappresentano permanenza e cambiamento, resistenza e adattamento.

Offro il mio tributo alla gente di Avella. Molti di quelli che hanno vissuto in tempi passati erano i miei antenati. Essi vivevano all'ombra delle montagne di Avella ed hanno subito saccheggi e pestilenze, terremoti e guerre. Attraverso queste porte antiche hanno intravisto nuovi mondi, nuove idee e nuove opportunità. Inoltre, hanno anche provato sicurezza, clausura, ristagno e perfino finalità. Oltretutto, questi accessi hanno offerto loro rinnovamento e redenzione.

Quelli che vivono ancora qui, molti dei quali sono i miei parenti ed amici, sono circondati dalle glorie e dai fardelli della storia. I loro portoni moderni si affacciano su nuovi panorami, ma il simbolismo è lo stesso.

I portoni di Avella si aprirono per ricevermi alla nascita e si chiusero dietro di me mentre andavo alla scoperta di nuove terre; nel tempo, mi hanno accolta al mio ritorno e mi hanno arricchita oltre misura.

AVELLA, LA SUA STORIA

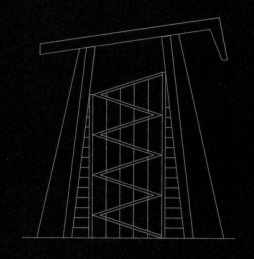

Avella, è più antica di Roma? Forse. In assenza di date certe, sarebbe meglio lasciare questa domanda particolare nell'ambito del mito e della speculazione. Il racconto di Avella è abbastanza ricco, complesso ed affascinante anche senza porsi questa domanda.

Secondo alcuni reperti archeologici, il territorio è stato abitato sin dall'era paleolitica. È generalmente noto che Avella fu a turno osca, etrusca e sannita. Quando Avella diventa romana, alla fine del 300 a.C., la sua storia procede su terreno più saldo.

Avella era un celebre centro di cultura romana. Vantava un acquedotto, bagni termali, una piscina, un teatro ed un anfiteatro conosciuto come uno dei più antichi della regione Campania. Era probabilmente usato non solo per i combattimenti dei gladiatori, ma anche per le battaglie navali. Il centro dell'anfiteatro veniva inondato con acqua proveniente dal vicino fiume Clanio e si mettevano in scena schermaglie navali. Alla periferia del paese, sono stati scoperti anche dei monumenti funerari appartenenti a romani benestanti.

Avella fu leale verso Roma. Sfortunatamente questa lealtà la rese vulnerabile ai nemici. Fu saccheggiata e completamente distrutta nell'87 a.C. dai sanniti di Nola in rivolta, durante la guerra sociale di Roma. Ricostruito poco dopo, il paese fu attaccato nuovamente durante la rivolta capeggiata da Spartaco nel 73-71 a.C.

Le tracce della civiltà di Avella erano una fonte enorme di orgoglio per mio zio Ninuccio, il fratello più grande di mia madre ed il padre di mio cugino Mimmo. Quando gli chiedevo qualcosa sulla storia di Avella, egli menzionava sempre l'anfiteatro, le tombe e specialmente il *Cippus*. Il *Cippus Abellanus*, un blocco di pietra con un'incisione di 57 righe nella lingua osca, fu un'altra grande scoperta archeologica che risale all'era osca. Esso descrive un accordo tra Nola ed Avella che riguardava un tempio dedicato ad Ercole che si trovava su un terreno in comune al confine dei due paesi. È uno dei più importanti esempi della lingua osca, una lingua parlata per secoli in questa zona. Adesso, il *Cippus Abellanus* si trova nel Seminario Vescovile di Nola.

I BARBARI ED I SIGNORI DEL FEUDO

Fino a quando è durato l'impero romano, le fortune di Avella rimasero stabili, ma con le incursioni dei barbari, il paese subì ripetuti assalti. La storia di Avella è stata sempre segnata dall'alternarsi di violenti attacchi e rinnovamenti. Avella fu saccheggiata dai Goti sotto Alarico nel 410 d.C., e poi nuovamente nel 455 d.C. dai vandali di Genserico.

Fu nel VII secolo d.C. che i Longobardi, un'altro gruppo occupante, costruirono un bastione fortificato, l'attuale castello iconico visibile da chilometri di distanza mentre ci si avvicina al paese. Il castello, situato sopra una collina che sovrasta Avella, a circa 320 m. sul livello del mare, gode di una vista imponente delle montagne che la circondano e della vallata sottostante. Esso, inoltre, vanta di una veduta aperta fino al golfo di Napoli ed all'imponente profilo del Monte Vesuvio. A quei tempi, non vi erano posti migliori per avvistare i Saraceni ed i Bizantini dediti al saccheggio.

A metà strada tra il Ducato Bizantino di Napoli ed il Principato di Benevento, il castello offriva una certa misura di sicurezza. Ciò nonostante, la gente di Avella era vulnerabile. Sfortunatamente, il paese fu attaccato dai Saraceni nell'883 d.C., fu preso dai Bizantini di Napoli nell'887 d.C., e poi devastato dagli Ungari all'inizio del 900 d.C. Come se questi assalti non bastassero, vi furono pestilenze, terremoti ed altre calamità naturali da combattere. Eppure, il popolo sopravvisse in qualche modo, cercando rifugio sulle colline e dentro la fortezza.

I Normanni vennero dopo, a metà degli anni 1000 ed ingrandirono i loro possedimenti. Gli Svevi Hohenstaufen (1194-1266) e gli Angioini (1266-1442), che successivamente dominarono il territorio, aggiunsero altri livelli di fortificazioni. Ci sono anche testimonianze di una cisterna e di una cappella.

Fu durante i periodi di relativa stabilità tra il X e l'XI secolo che alcuni avellani iniziarono a scendere dalle colline e formare piccoli borghi nella valle, solitamente annidati intorno ad una chiesa. Questi borghi furono le fondamenta del paese che oggi conosciamo. Infatti, i nomi di questi diversi nuclei: San Pietro, Corte Lupino, Cortabucci, Farrio, esistono tuttora.

Avella diventò un territorio feudale e fu trasferito da una famiglia nobiliare all'altra. Tra queste famiglie c'erano: i D'Avella, i Del Balzo, gli Orsini, i Pellegrino, i Colonna, i Cattaneo, gli Spinelli ed infine i Doria del Carretto nel 1600. Quest'ultima famiglia mantenne il proprio feudo fino al 1806, quando il sistema feudale fu abolito grazie alle riforme realizzate da Napoleone.

Verso la metà del XVI secolo, il castello giaceva in rovina. Fu restaurato nel 1553, ma la sua nuova vita fu sfortunatamente di breve durata. Nel 1603, il castello era in pessime condizioni e fungeva da prigione per criminali. La sua fine arrivò nel 1631 quando una eruzione vulcanica coprì le rovine, ormai disabitate, con le ceneri.

Fu proprio questa versione del castello, centinaia di anni dopo, che dette ai miei cugini ed a me un posto romantico e bucolico dove giocare. Sin dalla metà degli anni '80, è stato messo a punto un progetto per conservare le strutture esistenti e condurre degli studi archeologici. Alla fine, l'area sarà usata come una risorsa educativa ed anche come sede culturale. Per ora, le vecchie pietre sono state sostenute con altre, troppo lucenti e stridenti per il mio gusto. Impalcature e supporti strutturali deturpano il paesaggio. Da lontano, tuttavia, questo disordine non è visibile ed il mistero persiste.

Un'altra fonte di orgoglio per mio zio Ninuccio era il famoso architetto, Luigi Vanvitelli e gli edifici di Avella a lui attribuiti. Vanvitelli è noto con i suoi lavori in tutta Italia, ma è in Campania dove si parla di lui con particolare orgoglio, come se fosse un artigiano del luogo che ancor'oggi pratica la sua arte nella vecchia casa dietro l'angolo. La sua creazione più celebre è il Palazzo Reale di Caserta.

Sebbene i suoi antenati fossero olandesi ed il suo vero nome fosse van Wittel, Luigi Vanvitelli nacque a Napoli nel 1700 e morì a Caserta nel 1773. In qualche modo però, è soltanto il cognome Vanvitelli, senza un nome qualificativo che parla della particolare visione vanvitelliana. Il suo stile, seppure semplice, è armonioso e pratico; allo stesso tempo, è imponente e regale.

Ad Avella, la visione architettonica di Vanvitelli è stata associata al giardino del Palazzo Ducale ed alla Chiesa di San Giovanni. E' stato attribuito a Papa Silverio l'aver costruito una chiesa, chiamata San Giovanni de' Fustiganti, sopra le rovine di un altro edificio a metà degli anni 500. Questa chiesa fu totalmente ricostruita alla fine del XVIII secolo, tenendo fede al disegno architettonico della scuola di Luigi Vanvitelli.

Alcuni storici locali dicono che Papa Silverio fosse nato ad Avella da Donna Maria Galeria, anch'essa di Avella; altri asseriscono che questa sia soltanto una leggenda. Quello che si sa comunque è che Papa Silverio era figlio di Papa Hormisdas di Frosinone, una città vicino a Roma. Hormisdas diventò un diacono dopo il suo matrimonio e fu papa dal luglio del 514 d.C. fino alla sua morte nel 523 d.C. Il regno papale di Papa Silverio fu molto più breve di quello del padre, a causa di intrighi tra gli Ostrogoti ed i Bizantini che regnavano a quell'epoca. Papa Silverio fu quindi deposto e mandato in esilio a Ponza, dove è ancora oggi il santo patrono dell'isola. Diventò santo mediante

acclamazione popolare ed il primo accenno sulla sua santità apparve nell'undicesimo secolo.

A metà degli anni 1500, il proprietario feudale, Conte Pietro Spinelli, lasciò il castello e fece ricostruire il Palazzo Ducale sulla *decumanus major*, la cosiddetta strada principale secondo la pianificazione di una città romana. Così si ristabilì il centro del paese com'era nel periodo romano e s'iniziò un processo di rinnovamento urbano.

Il Palazzo Ducale fu ristrutturato ed un giardino fu aggiunto alla metà del 1700 con i disegni della scuola di Luigi Vanvitelli. Alvaro Alvarez de Toledo e la sua famiglia furono gli ultimi proprietari del palazzo fino a quando l'edificio fu destinato ad uso municipale negli anni '70. Alvaro Alvarez apparteneva alla nobiltà spagnola ed era discendente del primo Duca d'Alba, Garcia Alvarez de Toledo. Si dice che Maria de Toledo y Rojas, una nipote di Garcia Alvarez, sposò Diego Colon, figlio di Cristoforo Colombo. Altri nomi illustri della famiglia Alvarez de Toledo includono diversi viceré di Napoli durante il regno spagnolo (1500-1700).

A solo un isolato di distanza, il Palazzo Borrelli, dove ho vissuto per i primi anni della mia vita, è situato nella parte occidentale di Corso Vittorio Emanuele. Nel passato questo palazzo faceva parte del territorio feudale che includeva anche il Palazzo Ducale. Dopo essere stata posseduta dal Conte Pietro Spinelli, la proprietà fu venduta ad Ottavio Cattaneo, un nobile di Genova. Egli fece costruire Via Carmignano, a sinistra del Palazzo Borrelli, in modo da collegare la zona di Cortabucci con la Piazza, dove si trova il Palazzo Ducale. Mia nonna aveva vissuto in Via Carmignano quando era giovane e ritornò ad abitarci dopo la morte del nonno. L'area davanti al palazzo adesso si chiama Largo Cattaneo. Andrea Doria del Carretto, Conte di Palliano e Principe di Avella, fu il proprietario feudale dopo Cattaneo. Il Principe vendette il palazzo alla famiglia Borrelli all'inizio del 1800, e da allora viene chiamato Palazzo Borrelli. La famiglia Borrelli ne detiene il possesso ancora oggi.

La costruzione di edifici imponenti lungo il presente Corso Vittorio Emanuele continuò durante il 1700, il 1800 ed il 1900.

Questi grandi palazzi, con giardini bellissimi sul retro, ospitavano gli abitanti illustri di Avella. Con l'avvento di nuovi progetti per la costruzione negli anni '60 e la conseguente trasformazione del *boschetto* (l'area boschiva dietro al Palazzo Ducale) in nuovi alloggi, Avella assunse la struttura odierna.

Oggi, sia i primi borghi medievali, con le loro strade tortuose e strette, che le strutture più imponenti del XVIII e XIX secolo, convivono fianco a fianco, mentre l'intero paese subisce il rumore e la congestione del traffico del XXI secolo. In mezzo a tutto questo, il fiume Clanio continua a scorrere dalle sorgenti che nascono sulle montagne.

Nel lontano passato, le montagne ed il fiume ricoprivano la terra. In seguito, apparvero le persone che raccolsero le ricchezze che entrambi fornivano; animali e piante come cibo, acqua per la sete e grotte nella roccia per ripararsi. Tuttavia il flusso del fiume non è stato mai calmo. Il Clanio, a periodi, inondava l'area, si ritirava, e poi si prosciugava. Gli accumuli di ceneri, provenienti dalle numerose eruzioni del Vesuvio, bloccavano i canali naturali del letto del fiume, impedendo il flusso regolare dell'acqua e trasformando l'area in una palude.

La malaria si diffuse causando molte epidemie. Attraverso i secoli, gli interventi per incanalare il fiume, per ridurre la stagnazione e per sradicare la malaria, si susseguivano a singhiozzo. Il fiume Clanio è ancora imprevedibile, una volta inganna con un flusso gentile ed il momento dopo con inondazioni torrenziali.

CHIESE E GROTTE

Il racconto di Avella, per quanto sintetizzato, non potrebbe mai essere completo senza un accenno ad altre sue attrattive architettoniche rilevanti ed a quelle naturali. Delle molte chiese di Avella, la più antica è quella di San Pietro, edificata negli anni 1300. Sede della più antica diocesi di Avella, la chiesa fu costruita sulle rovine, o di un palazzo romano, o di un foro. Diversamente dalla chiesa di San Giovanni con la sua unica navata, la chiesa di San Pietro ne ha tre.

Costruita nel 1580, la chiesa francescana dell'Annunziata, adiacente ad un convento di Frati Minori, racchiude un bellissimo chiostro che fino a poco tempo fa era adornato da alberi di palma reale. Sfortunatamente, soccombettero all'infestazione di coleotteri e sono stati abbattuti. Adesso, alberi d'ulivo abbelliscono il chiostro, circondato da alte colonne, alcune delle quali, si pensa, fossero appartenute a palazzi o monumenti romani. Attorno al margine esterno del chiostro, sotto ai soffitti, ci sono degli affreschi che raccontano la storia di San Francesco. Questi sono l'opera di un artista locale, Ardelio Buongiovanni, che iniziò i lavori nel 1616 e li portò a termine nel 1641.

La chiesa di San Romano a Cortabucci vanta un dipinto della Madonna dalla scuola di Leonardo da Vinci. Il campanile si erge su un portale ad arco sopra una strada angusta.

Nei sobborghi del paese, lungo il fiume Clanio e nascoste tra le pareti rocciose che si innalzano dalle sue sponde, ci sono numerose grotte naturali tra le quali si trovano: la grotta di Camerelle; la grotta degli Sportiglioni, abitata da molti pipistrelli e piena di lunghe ed antiche stalattiti e stalagmiti; e quella più importante di tutte, la grotta di San Michele, dedicata al santo venerato dai Longobardi. Questa grotta, che presumibilmente ha la stessa età del castello, secondo prove archeologiche, pare sia stata un'abitazione umana. Arricchita da affreschi in stile bizantino di ispirazione religiosa, la grotta potrebbe essere stata usata come chiesa rurale da monaci eremiti.

Con tutte queste rocce affioranti, era solo questione di tempo fino a quando qualcuno non iniziasse ad arrampicarsi. Quando feci visita ad Avella nell'autunno del 2013, ho notato molti ragazzi calarsi in corda dalla parete di Capo di Ciesco!

Avella è il nome di questo paese così interessante. Vi sono molte interpretazioni riguardo la sua etimologia, tutte valide, tutte possibili, tutte romantiche.

Il nome potrebbe derivare dalla parola etrusca *ablona*, che significava mela, un frutto che a quell'epoca era molto abbondante in quell'area. La parola latina *aper*, cinghiale, potrebbe anch'essa essere l'ispirazione per il nome di Avella. Il cinghiale era un animale che si insediò nei fitti boschi che ricoprivano le montagne. Adesso, il suo ritratto contro il profilo di tre montagne decora lo stemma civico di Avella che esisteva già negli anni 1800, come viene citato negli archivi reali di Napoli. Oppure, il nome potrebbe essere stato creato dai Greci della penisola Calcidica, che, secondo alcuni, hanno fondato il paese. Essi chiamarono questa zona *Abel*, o distesa erbosa adatta al pascolo.

Infine, Avella potrebbe aver avuto origine dal verbo latino *avello*, che significa staccare o strappare. Forse quest'ultima ipotesi è la più adatta, dato che si riferirebbe al famigerato vento di Avella, che può essere davvero così intenso da strappare gli alberi dalle radici ed i tetti dalle loro case.

AVELLA, LA MIA STORIA

PARROCCHIA DI SANTA MARINA - COLLEGIATA DI SAN GIOVANNI

La sorella di mia madre, zia Esterina, mi diceva che sembravo una principessa, quando un giorno d'estate del 1945 fui battezzata nella chiesa di San Giovanni. Il mio vestito di battesimo, lungo e bianco, delicatamente cucito a mano e ricamato con delle applicazioni floreali, doveva sembrare davvero regale. L'abilità di mia madre con l'ago e il filo era ben conosciuta ed apprezzata ad Avella. Era una sarta di talento ed io, la primogenita, ero adornata con la sua creazione. La mia doveva essere una delle vesti più raffinate che avesse mai sfiorato la fonte battesimale della Collegiata di San Giovanni.

La chiesa di San Giovanni fu costruita per volere di Papa Silverio nel 500 d.C. ed eretta sopra le rovine di altri palazzi antichi, per poi essere totalmente ricostruita alla fine del diciottesimo secolo. Era più che appropriato che io fossi così ben vestita per il mio battesimo, in una chiesa che ospitava dipinti ed acquasantiere del 1500, altri dipinti del 1700 ed aveva l'altare principale fabbricato con marmo policromo. I miei genitori, soltanto un anno prima, si erano inginocchiati nella stessa navata per scambiarsi la promessa di matrimonio.

La chiesa è situata alla fine di un'ampia strada, con un campanile isolato alla sua sinistra. Il retro della chiesa, che si trova di fronte al fiume Clanio, è la parte più interessante dal punto di vista architettonico. Angelina, la moglie di mio cugino Mimmo, che insegna storia dell'arte ed è un'artista di talento, non si stanca mai di riprodurre la parte posteriore di San Giovanni su tela; io non mi stanco mai di fotografarla.

San Giovanni custodisce ricordi speciali per me. Da bambina ero affascinata dal rituale della vigilia di Natale per commemorare la nascita di Gesù. La scena della Natività era allestita ai piedi delle scale dell'altare, proprio dietro alla balaustra. Le statue della Vergine Maria e di San Giuseppe, quasi a grandezza naturale, guardavano la greppia di fieno, vuota. Ad un certo punto durante la messa, la chiesa improvvisamente si immergeva nel buio. Poi sbalordita, vedevo apparire la stella di Betlemme e la osservavo mentre si spostava lentamente dal retro della chiesa, sopra le nostre teste verso la scena della

Natività. Mentre la stella sorvolava il tetto della mangiatoia, il bambino Gesù veniva svelato magicamente dallo splendore delle luci. Le zampogne iniziavano a sbuffare, mentre la congregazione cantava *Tu scendi dalle stelle...* Tenevo la mano di mia nonna mentre, insieme a tutti gli altri fedeli, ci incamminavamo lungo la navata odorante d'incenso per baciare il ginocchio del bambino Gesù.

Il suono delle zampogne mi fa sempre piangere. Gli zampognari - pastori che venivano da villaggi montani distanti, vestiti con gilè foderati di lana di pecora e gambe coperte da calze di lana - erano soliti scendere ad Avella. Andavano di casa in casa a suonare cantici tradizionali natalizi con la zampogna, davanti al presepio. Tutti in paese avevano un presepio in casa, alcuni erano più elaborati di altri, ognuno mostrava uno scorcio di vita del villaggio e della Natività: San Giuseppe, la Madonna, il bambino Gesù, il bue e l'asinello. Mio nonno aveva costruito il suo presepio ed ogni anno aggiungeva nuove statuette. La tradizione degli zampognari continua sporadicamente anche oggi. Mimmo mi sorprende a volte telefonandomi a Natale, con il suono stridulo delle zampogne nel sottofondo.

Il 20 gennaio di tanto tempo fa, io e i miei nonni ci tenevamo stretti nella piazza adiacente la chiesa ed il suo campanile. Un grande albero, abbattuto sulle montagne di Avella e posizionato in mezzo alla piazza parecchi giorni prima, era circondato adesso da enormi cumuli di frasche. Un falò, alto quasi fino al primo piano, veniva acceso nella notte fredda. Bruciava e scoppiettava mandando scintille nell'aria. La gente del paese alimentava avidamente il fuoco divampante con ulteriori mucchi di legnetti, rami, ed anche sedie di legno. I ragazzi lanciavano mortaretti che esplodevano a breve distanza. Ipnotizzata dalle fiamme, non mi accorgevo affatto che stavamo partecipando sia ad un rito magico pagano, che ad un sacro evento religioso. Questo rogo era inteso come una propiziazione ad antichi dei per tenere lontano le sofferenze, ed anche come ringraziamento a San Sebastiano, il santo patrono di Avella, per il raccolto.

PALAZZO BORRELLI

Il Palazzo Borrelli è una struttura imponente che si affaccia su una leggera salita che va verso la piazza centrale di Avella ed oltre, verso Corso Vittorio Emanuele. E' qui che sono nata, meno di due mesi dopo la fine della Seconda Guerra Mondiale. Anche mia sorella più piccola, Tonia, è nata qui, cinque anni dopo e quasi nello stesso giorno. Patrizia, la più piccola delle tre, è nata in un ospedale a Napoli, alcuni mesi prima della nostra emigrazione verso gli Stati Uniti. I miei nonni occupavano due stanze al piano terra, sul lato sinistro del palazzo, mentre io ed i miei genitori vivevamo esattamente dietro di loro.

Le nostre finestre si affacciavano sulla strada laterale ed anche sul retro del palazzo. Di notte, le fiamme rosse di una raffineria di Napoli erano chiaramente visibili dalla finestra che dava sul retro. Era una vista allegra nel cielo scuro. Al crepuscolo di una notte calda d'estate, un pipistrello volò nella nostra stanza da letto e mi spaventò con il fruscio delle ali ed il suo grido. I pipistrelli vivevano nelle grotte vicino agli argini del fiume Clanio dal lato opposto del paese. Fortunatamente la sua visita fu breve. Da allora evito le grotte.

Spesso, i proprietari del palazzo, le figlie della famiglia Borrelli, erano nella loro casa di Napoli. I loro contadini venivano sovente ad essiccare i pomodori o le nocciole sul tetto, per mettere i prodotti della terra in un'ala vuota del palazzo oppure per lasciare bottiglie di vino e conserve di verdura nella fresca e scura cantina. Di solito mi era permesso seguirli nei loro giri. Frequentemente, le immagini della casa ricorrono nei miei sogni.

La mia è stata un'infanzia felice. Giocavo nel cortile circondata da alberi di limoni, cactus giganti in vasi di terracotta ed un vecchio pozzo coperto dalla vite selvatica accanto al pollaio. Non mi piacevano le galline che chiocciavano e starnazzavano mentre il gallo le beccava. I loro occhi piccoli e brillanti, il becco duro e la cresta moscia non coincidevano con la mia idea di bellezza animale. In un angolo del cortile c'era una vecchia porta di legno sempre chiusa a chiave che accedeva al giardino Borrelli. Non ricordo di esserci stata da piccola, ma ho delle foto che lo dimostrano. Mi dicevano che il nonno curava le piante di pomodoro e che mi portava sempre con sé. Ah, quanta trepidazione ed emozione provavo, mentre guardavo attraverso il buco della serratura... quando ero abbastanza grande da arrivarci! Questo era veramente un giardino segreto, pieno di mistero e di storie d'amore che io costruivo con la mia immaginazione.

Quando venivano i miei cugini, allargavamo le braccia, fingendo di essere aerei che entravano nel lungo androne con la volta a botte del palazzo. In passato, era qui che si preparava la carrozza che avrebbe dovuto portare i passeggeri fuori o dentro le ampie porte del portone, mentre cavalli impazienti scalpitavano sul pavimento di pietra. Nei nostri giorni, di solito le porte erano chiuse; soltanto una piccola porta ritagliata nel lato del portone era usata per far entrare in casa le persone. Un grande battente annunciava rumorosamente l'arrivo di visite. Sul lato destro, una scalinata di marmo saliva verso il secondo piano dove il pianerottolo era impreziosito da una balaustra ad arco. Era il posto ideale in estate per giocare al gioco delle pulci e per sedersi sui gradini freschi, lontano dal sole.

Inoltre, ci divertivamo a saltare dai davanzali delle grandi finestre degli appartamenti che si affacciavano sulla strada laterale. Il fatto che l'altezza dal davanzale al suolo fosse di due metri e mezzo non ci turbava affatto. La sfida era quella di saltare sopra il ruscello che scorreva accanto al palazzo senza caderci dentro. L'acqua fredda e cristallina del ruscello scendeva dalle sorgenti che nascevano sui monti di Avella. Bevevamo l'acqua e ce la schizzavamo addosso con allegria.

Un altro nostro passatempo preferito era quello di suonare un vecchio disco a 78 giri sopra un ancora più vecchio grammofono a manovella. Cantavamo ripetutamente *Io t'ho incontrata a Napoli, bimba dagli occhioni blu...* Mi ritorna in mente un ricordo simile che risale ad una decina di anni dopo. Mimmo ed io ascoltavamo della musica a casa della nonna. Questa volta eravamo in Via Carmignano, dove la nonna viveva dopo la morte del nonno. Dobbiamo aver suonato il disco di Elvis Presley *Are You Lonesome Tonight* e *The Lion Sleeps Tonight* dei Tokens, almeno un centinaio di volte sul piatto di un giradischi. A quel tempo io ero diventata americana e Mimmo suonava la chitarra, così ci lasciavamo trasportare dalla musica americana.

Spesso riesco ad evocare molte visioni, suoni, odori collegati al Palazzo Borrelli. Quando i pomodori erano maturi, al palazzo venivano molte donne a prepararli per l'imbottigliamento che avveniva in una

zona del cortile. I pomodori venivano prima lavati, poi passati al setaccio, cotti nelle pentole e trasferiti in bottiglie o in barattoli di vetro ben sigillati. Infine, tutti i contenitori sigillati venivano collocati in una grande pentola con acqua calda che poi, fatta bollire, li sterilizzava. Nonna ed io partecipavamo, riempendo parecchi barattoli per il nostro uso. Nei giorni invernali, la nonna cucinava con questi pomodori e l'aroma pungente riempiva la casa.

Durante le serate fredde, nonna ed io ci sedevamo intorno al braciere riempito di carboni ardenti, con i piedi sui bordi, lei a lavorare a maglia ed io a leggere. Nonno sedeva al tavolo traballante mangiando della pasta riscaldata che era avanzata; egli asseriva che fosse più buona il giorno dopo. Nonno aveva l'abitudine di inclinare la sedia all'indietro dopo il pasto. Sfortunatamente, una volta o due, lo abbiamo visto ruzzolare sul pavimento. Nonna indossava sempre uno scialle semicircolare, che copriva le spalle e si fermava ai gomiti. Spesso cantava una ninna nanna con un ritornello ossessivo, che ancora oggi mi ronza nella mente; qualcosa che riguarda un lupo che si mangia una pecorella...

Alla vigilia di Natale si sentivano profumi dappertutto. L'intero paese era avvolto in una nuvola di odori di cibi speziati e dolci, che emanava da ogni cucina. Il sugo di vongole, baccalà fritto sfrigolante ed altri pesci, una miriade di frutti di mare prelibati, funghi, broccoli di rape ed altri piatti succulenti venivano preparati per il cenone prima della messa di mezzanotte. Dopo il pasto, mi gustavo gli struffoli—palline di pasta lievitata fritta ricoperte di miele e le amarene—ciliegie amare marinate per alcuni mesi in un bagno di zucchero e alcool. Queste ultime erano la specialità di zia Esterina, la quale, anni dopo, aveva sempre un barattolo pronto per me quando arrivavo dall'America. Poi, naturalmente c'era il caffè! Quel liquido nero e forte che al mattino anche noi bambini bevevamo con il latte inzuppandoci il pane del giorno prima.

Ogni qual volta volessi evocare l'inverno, mi bastava allungare le mani verso la vetrina della credenza di nonna, dove lei custodiva una bottiglietta di profumo a forma di un albero di pino, giustamente chiamato "Pino Silvestre." Spesso la aprivo, liberando la fragranza pungente del gelo e dei pini del nord.

Il piano superiore del palazzo era riservato all'abitazione della famiglia Borrelli. Ricordo una stanza enorme con molte grandi poltrone coperte con delle lenzuola bianche, quasi tutto l'anno, per proteggerle dalla polvere mentre la famiglia era assente. In un angolo c'era un pianoforte a coda, con sopra una lampada che mi ha sempre affascinata. La lampada era fatta di metallo scuro e raffigurava una donna che indossava un abito sinuoso che le lasciava le spalle scoperte. Con una mano teneva in alto una sfera bianca. I raggi di luce che s'insinuavano attraverso le persiane chiuse davano alla stanza un'aria di mistero ed eleganza. Per me significava dare uno sguardo ad un mondo fatto di lusso e di inimmaginabili piaceri. In un'altra stanza, una credenza di mogano con intricate forme intagliate che coprivano ogni centimetro della sua imponente struttura, mi spaventava. Queste forme sembravano figure scure e demoniache che potevano materializzarsi all'improvviso.

Mi sentivo più a mio agio dall'altra parte del palazzo, sempre al piano superiore, dove i mobili erano malconci e dove c'erano molti piccoli attrezzi agricoli disseminati ovunque. Foglie di pannocchie di granturco sparpagliate a terra scricchiolavano sotto i miei piedi ed occasionalmente avvertivo un fruscio che non avevo fatto io. Con gli occhi spalancati, assorbivo tutto: la forma e la percezione del grano, mentre infilavo la mano piccolina nei sacchi aperti di iuta, la polvere che toccavo sulla credenza abbandonata, i gusci duri delle noci e delle nocciole nelle ciotole scheggiate. A volte, l'adulto che seguivo in questi altri mondi, spaccava molte noci per farmele assaggiare. Io le sgranocchiavo avidamente, ed erano buonissime.

In un angolo del cortile, il nonno appendeva l'origano per farlo seccare. Proprio lì accanto, attraverso una porta grigia e segnata dalle intemperie, lo seguivo in una grande stanza dove c'erano tanti barili pieni di olive verdi tondeggianti marinate in acqua salata. Il nonno me ne prendeva alcune con il mestolo. Com'erano buone! C'era anche una semplice macina per le olive, che non si usa più. Quando era in uso, un asino girava intorno ad una buca poco profonda, spingendo un'asta di legno attaccata alla macina di pietra. La macina pressava le olive nella buca e si estraeva l'olio.

Durante molti pomeriggi d'estate, nonno ed io facevamo delle lunghe passeggiate in campagna. Amavo guardare le lucertole che sfrecciavano nel sottobosco e mi piaceva raccogliere i papaveri di colore rosso acceso che crescevano selvaggi nei campi. Quando tornavamo a casa stanchi e polverosi, ci facevamo una lunga dormita, il nonno sopra una branda militare di tela, mentre io sopra un materasso morbido riempito di lana. La lana dei materassi, che si era schiacciata dall'uso ed era diventata nodosa, veniva tolta dal materasso e cardata ogni anno. La cardatura era fatta da operai itineranti che per molti giorni prestavano i loro servizi ad Avella. Essi posavano la lana sopra una grande tavola rettangolare, che aveva dei lunghi denti verticali di metallo e poi la pettinavano o la spazzolavano avanti ed indietro con sopra un'altra tavola simile. Questo processo separava le fibre di lana e le rendeva leggere e soffici. La lana poi veniva infilata nei coprimaterassi puliti che avevano dei buchi prefissati ad intervalli regolari. Spesso infilavo i lacci attraverso questi buchi con un enorme ago di metallo ricurvo e poi li fissavo annodandoli. Il prodotto finito era un materasso nuovo di zecca e morbido, su cui sognare.

Quando ero più grande, aiutavo nonna con le faccende domestiche. Sento ancora il profumo del bucato fresco che insieme stendevamo ad asciugare. Anche se avevamo la corrente, non possedevamo un ferro da stiro elettrico. Stiravo i panni con un ferro pesantissimo che veniva posato su carboni ardenti. Era un compito difficile, ma stranamente quello che più mi piaceva. Anche oggi, non ho nulla da obiettare se bisogna stirare un mucchio di panni. Stirando, la mia mente è libera di vagare, e questa è sempre un'ottima cosa.

Quando ho portato per la prima volta i miei figli ad Avella, gli ho mostrato con entusiasmo il Palazzo Borrelli che a quei tempi mostrava segni di degrado. Tastammo il battente arrugginito del portale e sbirciammo nel buco della serratura. Come avrebbero potuto mai immaginare la ricchezza delle mie esperienze con uno sguardo fugace attraverso quella fessura angusta?

IL PALAZZO DUCALE

Mia madre era sarta e cuciva da quando aveva undici anni. Non era solo brava con l'ago, ma era una vera artista, disegnava e confezionava vestiti, cappotti, gonne con creatività ed un'esecuzione perfetta. Tutti desideravano le sue creazioni. Le sue amiche mi dicevano spesso che la alleggerivano dalle faccende domestiche, in modo che potesse continuare con il suo mestiere. Quando ero piccola, si offrivano di portarmi in giro per Avella mentre mia madre lavorava. Immagina, io seduta nel mio passeggino, vestita con gli indumenti amorevolmente confezionati da mia madre, ed ammirata come una celebrità.

Era logico che la donna più in vista del paese volesse avvalersi del talento di mia mamma. La Contessa Alvarez de Toledo, nata Anna Maria Dupont e la sua famiglia, abitavano nel Palazzo Ducale situato nella piazza principale di Avella, Piazza Municipio. Suo marito, Alvaro Alvarez de Toledo, era un discendente della nobiltà spagnola.

Ho sentito che il palazzo viene chiamato Palazzo Ducale, Palazzo Alvarez de Toledo, Palazzo Colonna, Palazzo del Conte e Palazzo Baronale. E' comprensibile che il Palazzo sia conosciuto con nomi diversi, in quanto i membri delle famiglie nobili, le cui terre feudali includevano Avella, avevano molti titoli nobiliari, e poi, spesse volte erano legati dal vincolo del matrimonio con altre famiglie nobili.

Ad ogni modo, il Palazzo fu costruito nella prima parte del 1500 e ancora domina una grande parte della piazza. Nel 1700, gli edifici intorno alla piazza venivano costruiti in armonia con il Palazzo, presentando non solo una visione unificata, ma anche evidenziando l'imponente palazzo ducale. Gli oleandri che delimitavano Via Roma, posti direttamente di fronte alla piazza ed i numerosi alberi di forma quadrata piantati lungo i bordi della strada in piazza,

erano parte integrante della mia memoria dopo che lasciai Avella. I loro tronchi venivano dipinti di bianco con la calce, per prevenire che gli insetti infestanti salissero lungo la corteccia dell'albero e li contagiassero. Questi alberi davano un'aria di formalità e simmetria all'intera zona. Mentre all'epoca, potare gli alberi a forma quadrata era la norma in molti paesi della regione Campania, oggi è raro e nessuno ne ricorda il motivo.

Dall'età di sedici anni e fino ad un paio di mesi dopo essersi sposata, mia madre viveva vicino alla Contessa, o in Via Roma di fronte alla piazza, oppure proprio in piazza. I miei genitori poi si trasferirono al

Palazzo Borrelli. Il Palazzo Borrelli dista solo un isolato dal Palazzo Ducale, lungo una piccola discesa verso il lato occidentale di Corso Vittorio Emanuele. Questa strada passa proprio attraverso la piazza e continua fino alla periferia del paese, sul lato orientale, dove si trova l'anfiteatro romano.

Quando ero piccola, accompagnavo spesso mia madre durante le sue visite alla Contessa. Esse condividevano una cordiale amicizia secondo i limiti di quei tempi. Anche quando la Contessa non risiedeva nel palazzo, a me ed ai miei cugini era permesso giocare nel giardino sul retro. Il forte odore dei bossi profumava l'aria mentre noi scorrazzavamo lungo i sentieri. Ci arrampicavamo e ci nascondevamo nell'incavo di un platano secolare. C'erano due laghetti direttamente di fronte all'albero, uno dei quali era dominato da una figura inclinata in pietra che rappresentava il fiume Nilo. Frutteti e boschi si estendevano dietro il giardino, ma non ci avventuravamo mai lì. Questa zona continuava quasi fino alla stazione ferroviaria, dove abitava zio Nicolino, il fratello più giovane di mia madre. Dopo una visita serale a lui ed alla sua famiglia, il lento cammino verso casa mi sembrava pieno di pericoli immaginari in agguato dietro ad ogni albero. Ricordo ancora con un leggero brivido il buio e la quiete della notte, interrotta solo dal suono sinistro delle foglie mentre camminavamo vicino a questi boschi.

Per molti anni, il Palazzo Ducale giaceva abbandonato e trascurato e la fontana di fronte all'edificio, lasciata a secco, si sgretolava al sole. Da adolescenti, Mimmo, i suoi amici ed io (se per caso fossi stata in visita) ci appollaiavamo spesso sul suo bordo a mezzanotte e suonavamo la chitarra, con il disappunto dei paesani che erano già addormentati.

Nella seconda metà degli anni '60, fui abbastanza fortunata da incontrare la figlia della contessa, Chantal, di solo qualche anno meno di me. Fu cortese nell'accompagnarmi a fare un giro del palazzo ed io condivisi i miei meravigliosi ricordi del suo giardino e degli incontri delle nostre madri.

Adesso la fontana di fronte al palazzo sfoggia getti d'acqua ed è il punto focale della piazza. Sfortunatamente, l'armonia architettonica esibita dagli edifici bassi intorno al palazzo è stata persa a causa delle costruzioni della metà del ventesimo secolo.

Il palazzo fu ristrutturato dopo i danni del terremoto del 1980, la facciata è stata ridipinta, ed è adesso la sede del municipio.

La zona boschiva dietro al palazzo è stata colonizzata da case nuove. Il giardino, ora ben tenuto ma più piccolo, conserva ancora i laghetti, la statua ed i bossi. Ho saputo che il platano di 500 anni fu colpito da un fulmine alcuni anni fa e questo mi ha molto amareggiato. Tutto quello che rimane adesso è un tronco basso coperto di germogli verdi. Bisogna vedere se ricrescerà recuperando la sua gloria di un tempo.

IL FIUME CLANIO

Quando ero ragazzina, uno dei miei passatempi preferiti, oltre alla lettura, era di rovistare nella scatola di vecchie fotografie di mia madre. Eccomi, ero nel cortile del Palazzo Borrelli, una bambina piccola con un enorme fiocco in testa, che si teneva stretta alla gonna della nonna. Un'altra foto, scattata anni dopo, in un altro angolo del cortile, mi ri-

trae mentre cullo la mia sorellina Patrizia, solo poche settimane prima di partire per gli Stati Uniti. Tuttavia, le mie foto preferite erano quelle che ritraevano mia madre ed i suoi tre fratelli, Esterina, Ninuccio e Nicolino ed i loro amici come giovani adulti. Sembrava che si divertissero tanto, ridendo e posando contro muri di pietra o vegetazione lussureggiante, oppure contro lo sfondo di palazzi secolari. L'unica foto che sempre attraeva la mia attenzione era una scattata sulle sponde del fiume Clanio mentre un'imponente cascata d'acqua incorniciava lo sfondo.

Ero tanto affascinata dalla forza dell'acqua e dall'atteggiamento sereno di questa gente che indugiava così vicino al fiume, che ero impaziente di vedere quella cascata dal vivo. Non l'ho mai vista, né quando vivevo lì, né durante le mie numerose visite. Semmai, quello che ricordavo di più riguardo il fiume Clanio era la polvere, le pietre ed un'aridità che neanche lontanamente poteva far pensare che l'acqua avesse potuto bagnare le sue sponde. Tutto quello che vedevo era un letto di fiume inaridito. Durante le vacanze estive, i miei cugini ed io facevamo lunghe escursioni attraverso la campagna verso Capo di Ciesco, vicino all'antico acquedotto romano, dove il Clanio raggiunge finalmente il livello del terreno. Era raro che ci avventurassimo più in alto sulle montagne verso Le Fontanelle, una delle sorgenti del Clanio, e quando lo abbiamo fatto, c'era solo un sottile rigagnolo d'acqua che scendeva dalle rocce.

Fu solo durante la mia visita ad Avella nella primavera del 2013, quando Angelina mi portò a fare una passeggiata lungo il Clanio ed oltre Capo di Ciesco, che ho finalmente visto l'acqua scorrere nel letto del fiume. C'era stata talmente tanta neve sulle montagne quell'inverno passato e tante piogge torrenziali in primavera. Ecco il perché del flusso abbondante. Nell'autunno del 2013, ho visto il fiume Clanio nuovamente, arido e polveroso dopo un'estate molto calda, proprio come nei miei ricordi.

IL CASTELLO

Quando vivevo a Napoli con i miei genitori, andare ad Avella significava prendere un vecchio treno locale sulla linea di Baiano della ferrovia Circumvesuviana che circonda la base del Monte Vesuvio. Ricordo di essermi seduta sui sedili di legno e di aver guardato il seno delle donne ondeggiare ad ogni sobbalzo. Il mio petto infantile non rimbalzava e per alcuni momenti ho desiderato avere quell'aspetto tipico dell'età adulta. Il paesaggio che passava rapidamente mi incantava: piccoli appezzamenti di terreno coltivato, cascine, gruppi sparsi di mucche, un paio di cavalli al pascolo su colline dolcemente ondulanti. Il treno si fermava brevemente ad ogni stazione, ognuna non più grande di un piccolo edificio, e rimaneva un po' più a lungo in quelle che servivano paesi più grandi come Pomigliano D'Arco o Nola. Quando si raggiungeva Nola, sapevo che non eravamo lontani dalla nostra destinazione, ma in qualche modo quel tratto da Nola ad Avella sembrava sempre interminabile. I nomi dei paesi lungo il tragitto suonavano melodici e poetici: *Nola, Cimitile, Cicciano, Roccarainola, Avella, Baiano.*

Dopo Roccarainola, appariva improvvisamente la forma familiare della torre del castello. Era una luce che mi accoglieva a casa, perché ho sempre sentito che Avella fosse casa mia, non Napoli. Potevo correre libera sui pendii della collina, tra cespugli di ginestra che e-

splodevano di fiori di un colore giallo intenso. Io e i miei cugini Mimmo, Rino, Gennaro e Domenico ci arrampicavamo sulle pietre per raggiungere l'alta torre rotonda che sovrastava il paese e la valle. Attraverso un'apertura al livello inferiore della torre ci issavamo su per un condotto cilindrico, aggrappandoci ad appigli familiari. I nostri giovani corpi entravano appena, ma perseveravamo e dopo poco emergevamo sopra un cornicione stretto che girava intorno la circonferenza interna della torre. Alzandoci in piedi, ispezionavamo il nostro dominio polveroso, poi in qualche modo accedevamo alle scale delle pareti sui bastioni e continuavamo ad esplorare. Sapevamo che c'era una cisterna da qualche parte nelle fondamenta ed eravamo stati avvisati di non avvicinarci. Sapevamo anche che era un luogo per appuntamenti romantici. Non essendo ancora interessati a questi luoghi, preferivamo muoverci dentro e fuori i nostri rifugi. Vivevamo il presente, godendoci il sole come le lucertole che scorrazzavano sulle pietre calde.

Col passare degli anni, le rovine del castello hanno arricchito la mia immaginazione ed hanno alimentato il mio interesse per tutto ciò che è medievale. Durante le mie visite ad Avella, una delle mie attività preferite è sempre stata quella di arrampicarmi fino alla base della torre. Naturalmente, man mano che passano gli anni, l'ascesa diventa sempre più ardua. Ciò nonostante, una volta arrivata in cima, posso gioire del meraviglioso panorama e capire ancora una volta cosa significava questo luogo particolare per la difesa strategica contro le incursioni degli invasori.

Ho anche trascorso molti bellissimi pomeriggi pieni di sole guardando il castello dal terrazzo di Mimmo ed Angelina. Angelina mi ha reintrodotta al passato rurale di Avella, alle sue tradizioni ed alle sue delizie culinarie. Lei è una cuoca eccellente e in qualunque momento la vado a trovare, mi vizia preparandomi i miei piatti preferiti: fiori di zucchine impanati e fritti, pasta e zucca, crocchette di patate, verdure grigliate, una delicata crostata di pesche...Condivide volentieri le sue ricette ed io a mia volta stupisco la mia famiglia con le mie abilità gastronomiche da poco acquisite.

Al momento, Ninnone, il fratello di Angelina, sta costruendo una casa in un luogo accogliente annidato tra le montagne e la parte posteriore del castello. Angelina ed io amiamo visitare quel posto. Lei raccoglie il finocchietto selvatico con cui prepara un buonissimo liquore, e la rucola selvatica che è così gustosa condita con un filo di olio d'oliva del fratello. Dal terrazzo di Ninnone posso vedere al di sopra di un uliveto ed attraverso un corridoio di pini il muro posteriore del castello e la torre rotonda. In molte occasioni, seduta su quel terrazzo, sorseggiando il vino fatto con l'uva che Ninnone stesso aveva coltivato, raccolto e pressato, e mangiando le noci e le famose nocciole avellane, ho immaginato i giorni lontani di una castellana medievale. Mi piaceva pensare che lei fosse Francesca D'Avella, Signora della Baronia di Avella, perché era l'ultima discendente normanna ad avere posseduto il castello.

È un pomeriggio meraviglioso. Mio cugino prende la strada che mi porterà da Avella a Napoli per andare da mia sorella Tonia. Fra qualche giorno tornerò a casa negli Stati Uniti. All'improvviso la vista si apre e vedo il castello, nel centro della scena sotto il riflettore dorato di un sole che tramonta. Le vecchie pietre risplendono. I morbidi colori dell'autunno tappezzano la campagna. Le curve spioventi della collina dove si erge il castello e tutti i suoi bastioni sembrano più dolci. Le montagne sembrano più imponenti, più protettive nei confronti della valle.

Mi sento sopraffatta da tanta bellezza.

La mia macchina fotografica è già in valigia. E poi, stiamo andando troppo in fretta. Il castello e le montagne sono incorniciati in un immenso cielo blu, addobbato con nuvole tinte di rosa. Chiudo gli occhi e fisso questo spettacolo nella mia memoria.

POESIE

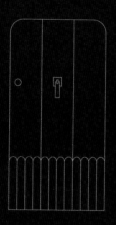

I ricordi

Brontolano su binari distanti
Scuotano la notte
Riverberano nella stanza vuota
La riempiono col ritmo pulsante
Di acciaio che sfrega acciaio

Il vecchio tappeto muta i suoni
Ingentilisce il crescendo
Trattiene il finale
Mentre le ruote scorrono
Verso la foresta scura

Avella

Quando le donne sgombrano la tavola
Il mio paese s'avvolge nel torpore.
Io e la mia vecchia musa, la Memoria,
Vaghiamo tra strade desolate e mute.

Mi mostra porte vecchie spaccate da
Pioggia e sole, sussurra, "Qui c'era una
Donna, il suo uomo perso in guerra.
I figli vivono meglio altrove."

Fa pochi passi, guarda in alto, sospira quando
Vede ancora un altro palazzo malandato:
Balconi di ferro arrugginiti al sole,
Fitte ragnatele sulla porta.

La Memoria mi guida con la mano attraverso
Strade dove prima c'era un bosco,
Terra nobile e ancestrale che giungeva
Quasi fino alla linea ferroviaria.

Dove una volta i frutteti profumavano l'aria
Con pesche e mele, ora sorgono case nuove,
Porte di vetro luccicano al sole,
Vasi di rose sul marmo dell'entrata.

La Memoria scorge un angolo vuoto
"Nel muro c'era un rubinetto scricchiolante."
Lei ride ed io sento acqua fredda che schizza
Dentro secchi, che spruzza i nostri piedi.

Sul suo petto fa il segno della croce, poi
Tocca gentilmente le pietre sbriciolate.
Un cavo che al tempo era un altare,
Ora, nessuna traccia di fiori o di candele.

Vicino la strada di collina dove domina il castello
Ci spostiamo per far passare una macchina.
La Memoria sorride, si dilegua
Tra pietre millenarie.

Bambina quieta

da bambina ero quieta
diceva sempre mamma
tanto da dimenticarmi
spesso in giardino
sola, nel passeggino,
scrutavo limoni
ascoltavo i passeri

crescendo, leggevo
per ore, tranquilla,
ingolfata da onde di parole
che silenziavano le mie

*quando ti sposi, come curerai
i tuoi figli, la testa sempre
nei libri?*

Mamma,
non sono più quieta
e di figli io ce ne ho
gli alberi rallegrano
il mio cuore
ma un libro è ancora
canto di sirena

Il sentiero

Le foglie mute, dal calor bruciate,
caute e marmoree le lucertole,
spiccioli di sole sparsi tra le pietre,
solo la polvere irrequieta.

Stretto è il sentiero, ampio il mio mondo
la mia piccola mano tra la sua tremante
a passi lenti, noi due, verso
le reliquie di una guerra ignota.

All'aria aperta, il pallido affresco
di un'antica Vergine sorge tra una navata
d'erba dorata, oppressa dal calore,
anche i papaveri, desolati fiori,
si curvano al voler del sole.

Api letargiche sussurrano preghiere
si uniscono ai nostri respiri cadenzati
lui ed io, fermi, fino al tramonto,
in questo tempio bruciato, questo giorno d'estate.

In oblio la guerra, morto il mio nonno,
scomparsi i fiori, l'erba e le rovine,
non ci son più ricordi nella brezza estiva
solo magia nel mio cuor segreto.

Calore d'agosto

nonno ed io dormiamo
su fresche brande di tela
il nostro respiro, lento,
il calore d'agosto
si diffonde sgradito
attraverso infissi ben serrati
schegge di sole s'insinuano
nel buio diurno della stanza

il mondo giace immobile
nelle ore senza fine
d'un pomeriggio d'estate
solo il ronzio d'un ape
tesse visioni come ragnatele
intorno ai nostri capi

nuvole di caffè fragrante
stimolano i sensi
ci svegliano al cinguettio
di tazze e cucchiaini

Un tè con la Contessa

seduta all'ombra rilassante
d'un platano antico
mamma sorseggia un tè
con la Contessa,
parlano di tessuti
di pizzi e di moda,
di famiglie e di mercati

noi bimbi scorrazziamo
come scoiattoli sui robusti rami
di un albero, ci sediamo nel buio
ammuffito nella cavità del tronco,
con occhi sbarrati scambiamo giovani segreti

di colpo annoiati, fuggiamo dal nido,
c'inseguiamo attraverso siepi di bosso,
ci nascondiamo sotto i bordi esterni
d'una piscina lucente, le risatine
schiumano come gli sgorghi
di una fontana vicina

a giochi finiti, in fila
dietro le nostre mamme,
portiamo tazze, versiamo briciole
lungo il cortile nel santuario
fresco e oscuro della cucina
la Contessa non ha domestici,
dice, "la guerra..."

Olio di fegato di merluzzo

liquido freddo, scuro, viscido
offerto in un cucchiaio
da una mano insistente,
brilla come veleno
nella luce del mattino

nonna mi esorta
nei suoi modi più dolci,
ciò non maschera il sapore,
vorrei nascondermi,
evadere l'amaro rituale

mi arrendo alla promessa
di zucchero raccolto in una
morbida palla di pezza
legata con un filo,
un lecca-lecca improvvisato
che dolcemente indugia
sulla mia lingua aggredita

L'estate delle more

a prima luce, nonna ci desta con uno schiocco d'uova,
ovali perfetti, caldi regali di un'amica contadina

noi cugini mangiamo biscotti e caffè latte mentre lei
frulla, versa oro liquido nell'olio sfrigolante

aggiunge formaggio, forma fragranti frittate che culla
fra due fette di pane scuro e avvolge in teli puliti e freschi

come una nuvola d'incenso, l'aroma d'uova e di formaggio
c'incorona e ci benedice, gitanti impazienti e pellegrini

nelle strade addormentate un gallo canta, un cane mugola,
l'acqua gorgoglia da una fontana aperta, un vecchio carro brontola sul suolo

colmi di libertà corriamo a caccia di mosche, passeri e lucertole
scalciamo polvere, ciottoli, stecchi finché al calor del mezzogiorno

il nostro vigor rallenta, ci sediamo, scartiamo teli umidi
affondiamo denti nel pane ancora caldo al ronzio ipnotico delle api

stanchi dei giochi mattutini, affondiamo piedi nudi e polverosi
nell'onda fredda di un ruscello che ruzzola giù dalle montagne

beviamo con le mani a coppa, schizziamo l'un l'altro con acqua rinfrescante,
uno scoppio improvviso di risate innaffia massi, cespugli ed alberi

con comodo torniamo verso casa, esploriamo grotte e sentieri,
a braccia aperte come uccelli in volo, poi saltelliamo come conigli in fuga

more paffute scintillano come gioielli, c'invitano all'assaggio con
grappoli neri, viola e rosso scuro incorniciati da fogliame verde e folto

a mani piene raccogliamo i frutti, ogni morso sprizza dolce sapore in bocca
siamo ghiottoni felici, non importa il succo che cola, scuro, lungo il mento

nonna sorride quando vede mani, facce e vestiti unti, ci guida, pecorelle,
verso acqua e sapone che non perdonano i nostri peccati di color viola

Giochi estivi

apriamo larghe finestre,
ci arrampichiamo sui davanzali
alti qualche metro dalla strada

piedi ben piantati, braccia allargate
pieghiamo le ginocchia, balziamo in aria
atterrando su sabbia e sassi

al di là del ruscello nato da sorgenti
di montagna, acqua chiara, gelida che
scorre su pietre scure e levigate

quando il gioco fiacca
e le ginocchia s'incrostano
di sangue e terra

ci diamo al gioco delle pulci
sul mezzanino, su scale di marmo
fresche come limoni nella calura estiva

buffonate nel cortile e caccia
ai polli nel pollaio riempiono
le ultime ore del giorno

finché nonna non ci lava
il lerciume del giorno
con acqua piovana
scaldata al sole
in una grande tinozza

Ritratto del nonno

Seduto a sghembo, il tuo braccio sinistro
Avvolge lo schienale di una sedia a canna
Sigaretta in mano, gambe incrociate
In una posa spiritosa

Uomo nel pieno della vita
Forte, sicuro, tranquillo,
Nessun cenno di tremori
Che tormenteranno
I tuoi futuri anni

I capelli sono scuri
Non il grigio che conobbi,
Ma lo stile a spazzola
I baffi squadrati
Le bretelle larghe
Sono ancora vivi
Nella mia mente

In uno scatto di memoria
Dopo una cena d'inverno
Ti siedi di nuovo sulla stessa
Sedia, la inclini indietro
Con un equilibrio precario
Di malizia e di piacere

Un sorriso si diffonde dalle tue labbra
Attraverso la stanza fredda
Abbraccia nonna e me
Tiene a bada il vento

Notturno

camminiamo lentamente sul sentiero solcato,
madre e figlia immerse in un mare
di campi verdi e neri, in alto, la luna
illumina questa notte d'estate

il treno rimbomba alle nostre spalle
come un metronomo per la sinfonia
delle cicali nei loro ultimi spasmi di vita

un'amica ci aspetta nel vecchio casale
non vediamo le scale sgretolate o la porta tarlata dai
vermi, solo pietre rosa spruzzate d'argento

salutiamo la donna, faccia e mani contorte
come il tavolo grezzo in mezzo ad una stanza fresca,
alla luce di candele fatte a mano

affetto ed amicizia, espresse con l'invito
a sederci, mangiare, assaporare i frutti della
terra offerte con quelle stesse mani nodose

pane scuro e croccante, olive dolci e verdi,
formaggi piccanti, fette di melanzane sott'olio,
salsicce fragranti, pesche come soli imprigionati

mamma ed io mangiamo, con cenni del capo la
donna parla, insiste nel farci provare questo e
quello, crema densa per le more colte stamane,
uova fresche delle sue galline

a cena finita, la cadenza ritmica delle loro voci
mi culla nella sedia a dondolo, avanti e indietro,
avanti e indietro, gattini in grembo che intonano le fusa

finalmente ci annidiamo nel giaciglio di mais
come topolini di campagna nascosti in un mucchio
di foglie d'autunno, le nostre preghiere sussurrate
fanno da eco al crepitio dei fasci

Bullo da cortile

sola, seduta sulla lastra di pietra
nel cortile di mia nonna
intreccio una ghirlanda di
margherite, edera e trifoglio,
un cane giocattolo al mio fianco

ancora fragile dopo bronchite e febbre
attraverso la mia voce fioca
respiro l'aria d'estate al profumo di
limoni, ovali gialli e maturi
nascosti tra foglie verdi e luccicanti

un harem di galline annoiate
gratta il terreno duro e compatto
solleva per un attimo lo sguardo
mentre un gallo cammina impettito
gonfiando piume e cresta
cantando il suo orgoglio maschile

con ira improvvisa vola dritto verso di me,
i suoi artigli scavano il mio petto da bambina,
mi becca proprio in mezzo agli occhi
e il sangue caldo scorre sulle labbra,
le sue maligne affermazioni
sommergono il mio grido di dolore

il soccorso arriva subito,
quando dalla finestra di cucina
mia madre scopre un turbine d'ali,
mia nonna giura di spennarlo,
di condirlo e cucinarlo a fuoco lento,
uno stufato delizioso per il pranzo di domenica

Implacabile

il lamento sommesso del vento

diventa presto un urlo furioso

attraverso le fredde strade d'inverno

dita gelate scagliano pietre

strappano rami   raschiano   battono

forzano infissi   scardinano porte

il metallo sferraglia

sui selciati resi lisci

da secoli di pioggia   ghiaccio

e dal brusco diffondersi del vento

mentre procede sbandando

lungo le valli verso il paese

Sera d'inverno

il vento spezza fili
la luce fievole
che circonda
la nostra tavola
si spegne

funghi sfrigolano in padella
come malelingue sibilanti
sussurrano segreti
riempiono il nero
improvviso della stanza

carboni ardenti
comodi nella loro culla
di morbide ceneri
barbugliano scontenti
quando il nonno
li incita alla sveglia

i loro caldi sospiri
si sollevano
con riluttanza
nell'aria fredda
mentre noi in attesa
della fragrante cena
siamo al buio
addolcito da un soffio
di candela

La mattina di Natale

Mi sveglio al dolce profumo
di cioccolatini e mandarini
sul mio comodino da notte
tradizioni da assaporare
nella luce lattiginosa dell'alba

Dolci scuri
si sciolgono sulla mia lingua avida
succhi asprigni bagnano le mie dita
mentre sbuccio, affondo i denti
nelle sfere color del sole

Dopo, pezzi di buccia gettati
nel focolare ardente
scatenano note piccanti
nell'aria fredda di dicembre

Epifania

sotto al caldo nido di una coperta
rimango sveglia ascoltando il vento
aspettando la vecchia e brutta Befana
che durante questa notte scura
porta regali ai fanciulli bravi
come i Re Magi a Gesù Bambino

il mio cuore batte paura mista a desiderio
gli occhi scrutano la stanza
trovano il tesoro sotto la finestra
"E' arrivata la Befana!" urlo,

sento il cigolio del letto
mentre nonna si alza lentamente,
mi viene incontro con un caldo abbraccio,
la luce notturna tremola e muore mentre
un soffio d'aria gelida riempie
gli angoli della stanza

tremiamo al buio, scosse dall'improvviso
battito delle persiane, nonna le aggancia,
accende una candela, sorride,
e mi lascia ai miei regali

m'inginocchio vicino ad una
piccola tinozza di legno, abbraccio
una bambola con labbra di porcellana,
assaporo cioccolatini lisci e setosi,
con gioia accarezzo le copertine di tanti libri,
ne scelgo uno come compagno di notte

leggo fino all'alba, mi avvicino
all'ultima luce di candela
quando la fiamma stanca brucia
i miei capelli
offre un aspro incenso
a questa notte fatata

Sotto il ponte

dove il fiume era torrente

prima della rivoluzione sessuale

prima che il mistero

fosse svelato

———

al crepuscolo, all'ora ombrata

il peccato aleggia

come una scura nuvola

prima della pioggia

il sangue giovane scorre

in un flusso di passione

avide mani aggrappano

seni morbidi e caldi

le labbra emettono scintille

infuocano la pelle

L'ultima castellana

sulle muraglie del tuo castello
ti avvolgi in un mantello
di seta broccata e impellicciata,
sfidi la brina di primavera,
anche da lontano il tuo levriero
conosce il tuo profumo,
lo senti latrare dall'interno del bastione

con mani gentili accarezzi
il ventre pieno che il tuo sposo
spera racchiuda un maschio,
un futuro cavaliere avido di spada e
sangue che un giorno, purtroppo,
sarà la sua rovina

una figlia ti darebbe più conforto
tessendo insieme maglie intricate,
creando arazzi e vestiti di seta
sognando il fieno fragrante di mezza estate
la collina illuminata da ginestre d'oro

rabbrividisci per una scelta che non è
tua da fare, ripari i tuoi occhi
dal sole che tramonta, guardi il bagliore
delle maglie di ferro, i colori vividi dei gonfaloni,
ascolti il ritmo lontano dei destrieri a gran galoppo
desiderosi di tornare a casa

invochi cuochi, stallieri, servi
ti mescoli tra i cani, li accarezzi,
calmi i loro gemiti concitati,
ti fermi nella penombra di una porta
mentre i cavalli nitriscono, sudati dalla corsa,
invadono il cortile, frastuono di zoccoli
e scintille volano su pietre dure e ruvide

con un cenno del capo ed un breve abbraccio
lui ti saluta, tu respiri il suo mantello umido
macchiato di terra, sudore, sangue e birra,
senti il brivido inatteso delle sue labbra livide,
l'uomo, il tuo padrone, vive

questa notte, quando le ultime melodie dei dulcimeri,
le zaffate pungenti di cinghiale arrosto,
il fruscio dei giunchi sul pavimento della sala
perdono la strada lungo le tortuose scale,
tu rimani sveglia, senti la vita
accanto a te, dentro di te

Nel tardo pomeriggio

due vecchi siedono davanti al fuoco ardente
soffiato da folate di vento
che scendono sibilanti dal camino

ogni giorno lui indossa camicia e cravatta,
berretto, pantaloni grigi di lana,
vestaglia corta con collo sciallato

lei indossa maglioni caldi, gonna,
calze che accarezzano caviglie gonfie,
pantofole soffici ai suoi piedi

il suo auricolare amplifica il suono
del notiziario TV, delle corse automobilistiche,
dei quiz, lui commenta, non aspetta risposte

lei ci sente meglio, modula i suoni
col telecomando, aspetta che il tempo passi
fa domande a cui non viene data risposta

alla fine, lui si muove, fa pochi passi, prepara il
caffè, appoggia tazze e piattini sul vassoio
che lentamente porta al tavolo

lei s'alza, cammina con l'aiuto di un girello
per unirsi a lui ed al loro figlio, rincasato dal lavoro
la loro tazza amara addolcita da
piccoli cucchiaini di zucchero

Alle cinque sotto i tigli

uomini anziani esalano sospiri
al profumo di caffè
nell'aria languida di fine autunno,
si riuniscono all'ombra della chiesa francescana
e del convento, casa dell'ultimo monaco
per il resto dei suoi giorni

Michele, vecchio soldato, zoppica fiero
senza bastone, rivela storie poco a poco,
lo raggiunge Antonio, la sigaretta accesa
che penzola dalle sue labbra scure,
la giacca consumata di Vincenzo
sa di fumo, di legno e foglie
bruciate nei sui campi di montagna
Sebastiano fischia sottovoce,
una catena di chiavi pende
dal passante dei calzoni

alcuni siedono su banchi di pietra,
altri si appoggiano al parapetto
al di sopra della strada
dove macchine sfrecciano
sulle pietre nere del Vesuvio

i vecchi parlano di mogli e di battaglie,
di raccolti andati a male,
di un pisolino accanto al focolare
mentre il vento lamentoso
scende dai monti giù in paese,
rimpiangono belle passeggiate
sotto gli stessi alberi, quando da giovani,
sguardi furtivi con ragazze brune
portavano a dolci incontri,
più dolci ancor le notti...

con passi lenti ed ultimi sospiri,
si disperdono al suono di campane
nell'aria fredda della sera

Dalla finestra di Angelina

vedo

una cupola a forma di pera

baciata dal sole d'ottobre

arance pallide che poco a poco

arrossiscono al calore

vedo

gelsomini che sboccano da brocche

entro una nuvola di rose

cascate di felci

contro un muro imbiancato

vedo

ciò che Angelina vede

mentre mescola

salsa e aromi

Dal terrazzo di Mimmo

le montagne incombono
sulla valle ed il paese
il castello, il bastione, le mura
in rilievo contro il cielo

casali abbandonati, cave dismesse
si aprono come ferite lungo le colline,
da tetti nuovi spuntano antenne d'acciaio
cupole e guglie scintillano al sole

banderuole in cima ai parapetti
svolgono secoli davanti ai miei occhi:
Romani acclamano lo sport del sangue
nell'anfiteatro ai bordi del paese,

Saraceni assalgono il castello, cavalieri giostrano,
nobili ballano nei loro palazzi
contadini spargono semi, pecore pascolano,
commercianti vendono per strada

———

disteso sulle tegole riscaldate dal sole
un gattino pulsa il suo piacere
tra gerani, rose, e gelsomini
anch'io mi riempio di sole, mi arrendo
ad una calda e profonda pace

Noci e vino *per Ninnone*

un gatto grigio s'insinua tra i nostri piedi

implora cibo mentre sorseggiamo vino,

mangiamo noci estratte a fatica dai loro gusci,

i nostri sensi vibrano al canto degli uccelli,

a viste profumate, all'aria frizzante che

promette primavera

seduti su sedie sporche d'impiastro

di una casa con lavori in corso, casa tua,

terra tua, che già mi è cara

radicato in questo luogo per nascita ed amore,

tu onori il mio ritorno tra

queste montagne antiche

ed il castello a vista, spruzzato dal sole

il tenue mormorio del vento

mi avverte attraverso ulivi e vigne

che presto tornerò tra frenesia e tensione

a mezzo mondo di distanza

I nomi dei morti

Registri polverosi con un lieve odor di muffa
S'appoggiano in disordine su scaffali di metallo,
Si accalcano, pendono da cataste alte e precarie,
Sono segreti sepolti, abbandonati,
Scoloriti dal tocco del tempo.

Alla ricerca di antenati dimenticati già da tempo,
I miei occhi scoprono scritti insoliti, stili fioriti e rotondi,
Un fiume di parole che scorre densamente sulla pagina.
Scene di tempi antichi si rivelano sotto il mio sguardo testimone.

L'impiegato immerge la penna nell'inchiostro,
Stride il pennino nero sulla trama ruvida della carta,
Scrive i nomi dei morti, dei neonati,
Delle sepolture, dei voti coniugali.
Vedo generazioni messe al mondo.

Due contadini giovani e timidi nel giorno delle nozze
Sussurrano i loro nomi, età, parrocchia e discendenza,
Strusciano i piedi mentre la parola "offerta"
Resta sospesa in aria. La penna butta giù "esentati dal pagare
Perché poveri." La sposa abbassa gli occhi.

Arriva il commerciante, cullando il bimbo appena nato,
Parenti, amici si stringono intorno, sorridenti,
Mentre conferisce il nome del padre al figlio.
I nomi degli antenati ricorrono anno dopo anno
Fino a quando guerre e carestie non decimano la linea.

Zii, fratelli, cugini, con lacrime agli occhi,
Fazzoletti in mano, dichiarano la loro perdita:
Nome, età, parrocchia e discendenza, con le voci
Più forti e chiare che il coraggio gli permette.
I nomi dei morti, e sono tutti morti.

Ha importanza?

cercare voi,
      i miei antenati,

conoscere i vostri nomi, le vostre date di nascita
      e di morte, i vostri matrimoni, i vostri figli

cercare la corda ininterrotta
      che unisce la mia vita con la vostra

ha importanza

quando cammino per le strade strette
      dove camminavate voi

quando ascolto campane che risuonano
      il ritmo lontano della vostra vita

quando tocco le schegge ruvide dei portoni
      che toccavate voi

ha importanza

About the Author

Eleanor M. Imperato is a freelance writer, poet, and photographer. She has traveled extensively since her immigration to the United States from Italy. As a college student spending her junior year in London, England, she toured Great Britain from Land's End to the Scottish Highlands and trekked all over Europe. Eleanor continued to explore far-flung parts of the world: Timbuktu, Macau, Beirut, Tehran, Nairobi... not to mention Greenland, the Faroe Islands, and Nome, Alaska, where she ran in a dog sled race! Antarctica is her next destination.

All those experiences have fed her creativity and she has expressed it in her work. After doing field research in Kenya, Eleanor co-authored a biography of Martin and Osa Johnson, *They Married Adventure*, with her husband, Pascal James Imperato. She is the author of *Woman's Work*, her first collection of poems. Her second collection, *Purple Sins*, is in preparation. In addition, she is collaborating with her sisters Patrizia Maiella, translator of *Doors of Memory*, and Tonia Maiella, on a book about their Italian-American experiences during the late 1950s and 1960s in New York City.

Eleanor's most cherished roles are those of mother and wife, sharing her interests in philosophy, history, art and dance with her children, Alison, Gavin, and Austin, and her husband Pat. In Manhasset, where she resides, she has served the community occupying many executive leadership positions. She is currently on the College Fund Board of Queensborough Community College as well as on the Board of the Dance Department at Marymount Manhattan College where she received a BA in English. She subsequently received an MA in Liberal Studies from New York University.

Cenni sull'autrice

Eleanor M. Imperato è una scrittrice freelance, una poetessa ed una fotografa. Ha viaggiato a lungo sin dalla sua immigrazione dall'Italia agli Stati Uniti. Durante il suo penultimo anno di università a Londra, ha percorso la Gran Bretagna da Land's End fino all'altopiano scozzese ed ha viaggiato attraverso tutta l'Europa. Eleanor ha continuato ad esplorare le parti remote del mondo: Timbuctu, Macau, Beirut, Teheran, Nairobi... per non parlare della Groenlandia, le Isole Faroe, e Nome in Alaska, dove ha gareggiato in una corsa con slitta trainata da cani! L'Antartide è la sua prossima destinazione.

Tutte queste esperienze hanno alimentato la sua creatività, che ha poi espresso nel suo lavoro. Dopo una ricerca sul campo in Kenya, Eleanor ha scritto, insieme a suo marito Pascal James Imperato, la biografia di Martin e Osa Johnson, *They Married Adenture*. Eleanor è l'autrice di *Woman's Work*, la sua prima raccolta di poesie, mentre sta preparando una seconda raccolta, *Purple Sins*. Inoltre sta collaborando con le sorelle Patrizia Maiella, traduttrice di *Doors of Memory*, e Tonia Maiella, alla stesura di un libro che riguarda le loro esperienze come immigrate italo-americane durante gli ultimi anni '50 e gli anni '60 nella città di New York.

I ruoli che Eleanor ama di più sono quelli di madre e moglie, condividendo gli interessi per la filosofia, la storia, l'arte e la danza con i suoi figli, Alison, Gavin e Austin e suo marito Pat. A Manhasset, dove risiede, ha servito la comunità, occupando molte posizioni da dirigente esecutivo. Al momento Eleanor fa parte del Comitato per la Raccolta Fondi al Queensborough Community College. Fa anche parte del Comitato della Facoltà di Danza al Marymount Manhattan College, dove ha conseguito la laurea in Lingua e Letteratura Inglese. Successivamente, Eleanor ha conseguito un Master in Studi Umanistici alla New York University.

About the Translator

Patrizia Maiella is a freelance translator based in Corato, Italy. She was educated both in Italy and in the United States. Together with Eleanor M. Imperato and Antonia Maiella, her older sisters, she will collaborate on a memoir of their Italian-American immigrant experience in the 1950s and 1960s in New York City.

Patrizia lives in the shadow of another medieval castle on a hill: World Heritage site Castel del Monte, built in the mid 1200s by the Holy Roman Emperor Frederick II. Living in the countryside allows her to live a healthy life surrounded by nature. She loves reading, gardening and animals.

Patrizia is the mother of two splendid young adults, Ester and Nicola and the grandmother of an equally splendid baby called Francesco.

It has been very exciting for Patrizia to be able to collaborate with her sister Eleanor. Patrizia has tried her best to convey in the Italian language the same emotions evoked by the poems and narrative written by the author. Working together on this book has given the two sisters another opportunity to get to know each other better.

Cenni sulla traduttrice

Patrizia Maiella è una traduttrice freelance e vive a Corato, in provincia di Bari, in Italia; ha ricevuto un'istruzione sia in Italia che negli Stati Uniti. Insieme alle sue sorelle più grandi, Eleanor M. Imperato e Tonia Maiella, collaborerà ad un libro di memorie sulla loro esperienza da immigrati durante gli ultimi anni '50 e gli anni '60 nella città di New York.

Patrizia vive all'ombra di un altro castello medievale sulla cima di una collina: Castel del Monte, patrimonio mondiale dell'UNESCO, eretto a metà degli anni 1200 dall'imperatore della Santa Romana Chiesa, Federico II di Svevia. Vivendo in campagna, Patrizia ha la possibilità di vivere una vita salubre in mezzo alla natura. Le sue passioni sono la lettura, il giardinaggio e gli animali.

Patrizia è madre di due ragazzi splendidi, Ester e Nicola, ed è nonna di un altrettanto splendido bambino chiamato Francesco.

E' stato molto avvincente per Patrizia poter collaborare con la sorella Eleanor. Patrizia ha cercato di trasferire in italiano le stesse emozioni suscitate nelle poesie e nei racconti dell'autrice. Questo lavoro ha permesso alle due sorelle di conoscersi meglio.

BIBLIOGRAPHY/BIBLIOGRAFIA

Antonucci, Francesco. 2002. *I Santi Patroni di Frosinone. Percorso Storico-Iconografico*. Italy: Antonucci Libri.

Cantabene, Giulia. 2006. *La Campania. Beni Culturali*. Napoli, Italy: Alfredo Guida Editore.

Colucci, Pasquale. 1999. *I Signori di Avella dall'XI al XIII Secolo*. Roccarainola, Italy: (Extract from *Atti del Circolo Culturale B.G. Duns Scoto di Roccarainola*, Roccarainola, Italy 1999.)

Conte, P. *Avella — L'Anfiteatro Romano*. Avella, Italy: Gruppo Archeologico Avellano. (booklet)

D'Anna, Ignazio. 1782. *Avella Illustrata O Sia L'Origine d'e Popoli, Che Dopo La Disperazione Babelica, e Cananitica Nella Campagna Felice Si Stabilirono, Ed In Avella Coll'Antico, e Moderno Suo Stato Morale, Politico e Civile*. Napoli, Italy: Stamperia di Faustino de Bonis.

Dapoto, Pasquale (ed.), 1998. *Abella Avella. Dalle Origini al Periodo Romano*. Avella, Italy: Edizioni Lu.Ro.Ma S.r.l.

Furnari, Mario. 1978. *Cronologia Dinastica del Reame di Napoli*. Napoli, Italy: F. Fiorentino Editrice S.p.A.

Gleijeses, Vittorio. 3rd Edition, 1979. *La Regione Campania. Storia ed Arte*. Napoli, Italy: Edizione del Giglio, Societa Editrice Napolitana.

Guerriero, Francesco. 1888. *Avella. Note Campestri ed Appunti Storici*. Napoli, Italy: Stabilimento Tipografico.

Johannosky, Werner; Capolongo Domenico; Granata, Giuliano; Bellonato, Elisa; Oliva, Francesco; Petillo, Fidenzo; Russo, Carmine; Luciano, Pietro; Gaglione, Antonio; Recupido, Giovanni; D'Andrea, P. Federico; EPT di Avellino; Suore Canossiane di Avella; and Sezione Ricerca del Gruppo Archeologico Avellano. 1979. *Avella. Appunti e Note*. Avella, Italy: Pro-Loco Abella and Gruppo Archeologico Avellano

Luciano, Pietro. 1981. *Avella Proposto per un Itinerario Turistico*. Avella, Italy: Pro-Loco Abella.

_____, Petillo, Fiorenzo. 1985. *Il Castello di Avella*. Avella, Italy: Gruppo Archeologico Avellano.

_____, Pescione, Giuseppe A.; Tulino, Giacomo; and D'Onofrio, Saverio. 1982. *L'Acquedotto di S. Paolino e la Problematica della Distribuzione delle Acque nel Territorio* (Extract from *Atti del 1 Convegno dei Gruppi Archeologici della Campania*, Pozzuoli, Italy 1980.) Roma, Italy: Tipografia Mengarelli.

Montanile, Nicola. 1985. *C'era la Fantasia*. Avella, Italy: Cooperativa Territorio Ambiente.

_____. 1993. *Spaccato di Storia Avellana – 1871 to 1993*. Avella, Italy: Cooperativa Territorio Ambiente.

_____. 1996. *Spaccato di Storia Avellana – 1809 to 1856*. Avella, Italy: Cooperativa Territorio Ambiente.

_____. 1996. *Vizi Nostrani*. Avella, Italy: Cooperativa Territorio Ambiente.

_____. 2013. *Avella e Sperone nel Settecento*. Avellino, Italy: Presidenza del Consiglio Provinciale di Avellino.

Musi, Aurelio. 2006. *La Campania. Storia Sociale e Politica*. Napoli, Italy: Alfredo Guida Editore

Norwich, John Julius. 2011. *Absolute Monarchs. A History of the Papacy*. New York: Random House.

Siniscalchi, A. *Avella Attraverso le sue Memorie*. Avella, Italy: Gruppo Archeologico Avellano "A. Maiuri"

Sorice, Erasmo. 2011. *Genti e Fatti della Mia Terra. Volume V*. Italy: Editrice L'Arca.

_____. 2013. *Genti e Fatti della Mia Terra. Volume VI*. Italy: Editrice L'Arca.

Various Authors. 1999. *Raccolta di Tesi, Monografie e Articoli su Avella*. Avella, Italy: Edizioni Lu.Ro.Ma. S.r.l.

http://www.comune.avella.av.it/oc/oc_p_elenco_nofoto.php?x=

http://gw.geneanet.org/frebault?lang=en&pz=henri&nz=frebault&ocz=0&p=alvaro&n=alvarez+de+toledo

http://www.newadvent.org/cathen/13793a.htm

http://www.conteanolana.it/uomini%20illustri%20libro%20R-Z/Silverio%20I%20(Papa).htm

http://www.britannica.com/EBchecked/topic/623133/Luigi-Vanvitelli

http://www.icastelli.it/castle-1236701461-castello_di_avella-it.php

http://archivio.saperincampania.it/il-castello-di-avella

http://avelladituttounpo.jimdo.com/

Published in the United States
of America in 2015 by

QCC Art Gallery Press
Queensborough Community College
The City University of New York
222-05 56th Avenue
Bayside, New York 11364

and

Kilima House Publishers
P.O. Box 1057
Manhasset, New York 11030

Italian translation by
Patrizia Maiella
Designed by
Zackery Robbins
Frontispiece by
Angelina D'Avanzo Pescione
All photographs by
Eleanor M. Imperato

Printed in the United States of
America on acid free paper

Library of Congress
Cataloging-in-Publication Data

Imperato, Eleanor M.

Doors of Memory : Remembering My
Birthplace = Porte Della Memoria : Ricordi
del Mio Paese / Eleanor Maiella Imperato;
Italian Translation by Patrizia Maiella.

pages cm

Issued in connection with an exhibition
held at QCC Art Gallery.

Includes bibliographical references.

ISBN 978-1-936658-30-5 (alk. paper)

1. Imperato, Eleanor M.
2. Authors, American—Biography.
3. Italian American women authors—Biography.
4. Avella (Italy)—Biography.
5. Avella (Italy)—Pictorial works.
I. Imperato, Eleanor M. Doors of memory.
II. Imperato, Eleanor M. Doors of memory. Italian.
III. QCC Art Gallery.
IV. Title.
V. Title: Porte della memoria.

PS3609.M67Z46 2015

818'.603--dc23

[B]

2014049490